FRANCISQUE DUCROS

L'HOROSCOPE

PRÉDICTIONS POLITIQUES

De 1876 à 1900

PARIS

AUGUSTE GHIO, ÉDITEUR

PALAIS-ROYAL, 28, GALERIE D'ORLÉANS

1876

L'HOROSCOPE

FRANCISQUE DUCROS

L'HOROSCOPE

PRÉDICTIONS POLITIQUES

De 1876 à 1900

PARIS

AUGUSTE GHIO, ÉDITEUR

PALAIS ROYAL, 28, GALERIE D'ORLÉANS

1876

Tous droits réservés.

AVIS IMPORTANT DE L'AUTEUR

AVIS IMPORTANT DE L'AUTEUR

Je suis né dans une province de France où la liberté d'allures, l'indépendance de caractère et le franc-parler des hommes, n'ont jamais fléchi sous aucun régime, et j'ajouterai : province où les compromis et les accommodements en croyances politiques comme en croyances religieuses n'ont jamais pu s'acclimater ; où, en un mot, on est blanc, ou rouge ou tricolore, croyant ou sceptique ou incrédule, nettement, franchement, hautement, avec le courage de défendre sa cocarde sans exagération comme sans défaillance.

Cette province est le Dauphiné, berceau de la grande Révolution de 1789, province patriote par excellence, les mobiles de l'Isère et de la Drôme l'ont prouvé pendant la guerre de 1870.

La patrie *d'abord*, la forme de gouvernement *en-suite.*

Débuter en ces termes dans cet *avis* d'auteur, c'est dire carrément à ceux qui me liront que je n'ai écrit ce livre ni pour les flatter ni pour les gourmander, mais uniquement pour faire connaître aux générations appelées à nous remplacer ce qu'ont pensé de notre situation politique actuelle les gens de bonne foi, de bon sens, de conscience et de patriotisme, qui ont, comme moi, souffert moralement et matériellement, et qui, après avoir trop espéré, ont fini par ne plus rien espérer du tout; c'est dire que ce qui m'a paru important avant tout, c'est d'exprimer ma pensée telle quelle, mes critiques dans toute leur sévérité, mes appréciations dans toute leur impartialité, mes prédictions enfin dans toute la brutalité de forme qui leur convient.

C'est ainsi qu'amis et adversaires politiques ne font qu'un dans la censure impitoyable que me commande la vérité, pour traiter justement le sujet qui m'occupe. Les égards et les considérations, les préférences et les antipathies, ne sont pas de mise en si grave matière. Les hommes s'effacent comme les opinions dans le travail de ma pensée; je ne vois que les choses accomplies, les faits en cours et les événements à venir.

On se demandera peut-être, en ouvrant ce livre fatidique : Quel est-il, cet auteur de l'*Horoscope?* D'où vient-il? Où va-t-il? Que pense t-il au fond, et quel est son drapeau ?

L'auteur de ce livre? C'est moi, tout court. Ce qu'il a d'opinion politique d'une couleur ou d'une autre dans le cervelet? Demandez-le à ses écrits, qui vous le diront pour lui.

Mes croyances politiques, de même que mes croyances religieuses, n'ont jamais cessé d'être *une;* elles n'ont jamais varié. Au milieu de tout ce que j'ai écrit depuis trente ans dans la presse comme dans mes livres, je ne sache pas qu'on puisse trouver une ligne qui en contredise une autre, même à la distance des dates de leur publication. C'est quelque chose, n'est-ce pas? Et je doute qu'il y ait beaucoup de gens qui puissent en dire autant, et qui, vers la fin de leur carrière, n'aient pas à répudier, à regretter, à pleurer même, certaines élucubrations de leur passé. Cette quiétude de mon esprit à cet égard est ma consolation dans les désillusions que je dois à l'expérience; c'est ma force pour dire ma pensée tout entière, c'est mon audace à l'exprimer sans détour, envers et contre tous, qu'amis ou ennemis soient atteints ou épargnés par les sévérités de ma plume dans le cours de cette publication.

Il est un fait déplorable, c'est que de nos jours, en France, tout se réduit à une question de *mode,* qu'il s'agisse de religion, de politique, de littérature, de beaux-arts, de théâtre, de carrières sociales, que sais-je? absolument comme cela se pratique pour la forme des vêtements d'une saison à une autre, pour la coupe d'une basque d'habit ou d'une jupe de femme. Les principes n'entrent presque jamais pour rien dans la pratique des choses sérieuses, de même que le bon goût et le bon sens font presque toujours défaut dans l'adoption de la toilette en vogue. La masse du public français, essentiellement *mouton de Panurge*, se montre et se dit républicaine ou monarchiste, athée ou croyante, alternativement, du jour au lendemain, suivant qu'il est de *mode* d'être ceci ou cela, sans plus se soucier du contraste choquant des volte-face, pirouettes et gambades qu'elle exécute dans les sens les plus opposés. C'est à ce point que si la *mode* était de porter son chapeau à l'envers, il n'est personne qui ne se hâtât de faire honneur à l'innovation, à cette nouvelle façon de porter élégamment un couvre-chef; c'est à ce point aussi que s'il devenait de *mode* de mener de front les deux antithèses de *république* et de *monarchie*, d'entretenir dans une repoussante promiscuité ces deux sortes si contraires de rouage gouvernemental, de se coiffer à la fois du bonnet rouge et du bandeau royal, l'un portant l'autre ou les deux se rattachant étroitement sur le même plan; d'étaler enfin du même coup une fleur de lis sur l'épigastre et une rosette cramoisie sur l'omoplate, tout le monde à peu près se ferait un devoir de fêter la mode nouvelle.

En effet, si l'on reporte sa pensée à la veille même du coup d'État du 2 décembre 1851, nous étions alors en France, ou nous nous disions, presque tous républicains. Et, chose à noter, les plus forcenés de tant de républicains improvisés par une révolution réussie n'étaient pas ceux qui avaient triomphé dans la lutte du 24 février, mais bien ceux qui n'y avaient pris aucune part ou qui avaient opposé une résistance énergique. La Révolution de 1848 et l'intronisation de la République comme forme de gouvernement, avaient opéré ce miracle étrange dans les idées, les sentiments et les mœurs du pays. Mais, tout à coup, à l'aide d'un truc habile, le décor changea; le buste de Dame République fut remplacé par celui de Sire Empereur, et cette formidable nichée de soi-disant républicains, frais éclos, se métamorphosa comme par enchantement en sept millions d'impérialistes. Et la métamorphose fut si vivace, qu'elle se développa en dix-huit ans au point de donner huit millions da suffrages au plébiscite impérial de 1870. Mais *orao*, encore! La scène se transforme, nous sommes battus à la guerre, on capitule ignominieusement par deux grandes fois, et, de nouveau, on change de veste, de casquette, de cocarde et de bulletin de vote; on redevient République, par nouveauté friande, comme on l'était au *ci-devant* déjà lointain, sauf à friser le monarchisme au 24 mai 1873, sauf à se tailler ensuite l'habit d'arlequin qu'on endosse aujourd'hui, avec le sérieux de l'emploi, pour jouer à la fois sur le théâtre politique le rôle de *Père noble* et le rôle de *Barbe-Bleue*.

Ne parlez pas d'instruction politique, d'économie politique, de principes politiques, de convictions politiques; tout ce bagage, pourtant essentiel, ne compte pas dans les déménagements successifs auxquels on n'a pas cessé de procéder en France depuis quatre-vingts ans.

Que voulez-vous? dirait un indigène de Saint-Flour, « nous ne sommes ici ni hommes ni femmes, nous sommes tous des... Auvergnats! » J'allais dire des Républicains inamovibles, jusqu'à la mode nouvelle, bien entendu.

Ce qui revient à dire que, depuis nos arrière-grand-pères du temps du roi Dagobert jusqu'à nous-mêmes, inclusivement, par droit de naissance et de transmission héréditaire, nous n'avons jamais cessé d'être, à nous en croire, la personnification invariable du Républicanisme, malgré les divers intermèdes où ont figuré, en notre compagnie et au milieu de nos *vivats*, l'Empire, la Royauté constitutionnelle et la Monarchie de droit divin; — ce qui revient à dire que les huit millions de suffrages donnés au plébiscite impérial de 1870, par un nombre égal de républicains à l'état *latent*, ne l'ont été qu'à titre de simple complaisance pour le souverain de ce temps-là, de même que notre enthousiasme de républicains pour la Restauration monarchique de 1815 était un simple divertissement humoristique, et nos acclamations républicaines pour la Royauté citoyenne de 1830 une simple fantaisie de désœuvrés en goguette ; — ce qui revient à dire, en fin de compte, et cette fois sans plaisanterie mordante, que sur cent prétendus républicains du jour présent, il y en a bien quatre-vingt-dix qui ne le sont que pour rendre hommage à la mode actuelle, de se déclarer et se croire en République vraie à perpétuité, et qui demain, la mode tournant à un autre régime politique, tourneraient comme elle avec le même aplomb, et toujours à perpétuité.

Eh bien, je n'hésite pas à le dire avec le sans-gêne de mon début, dussé-je déplaire aussi bien à mes amis qu'à mes adversaires politiques, cette façon de s'enflammer tout d'un coup d'enthousiasme pour un régime nouveau, comme la foule s'en acquitte si bien de nos jours, par simple raison de *mode*, sans préparation, sans examen, sans raisonnement, sans conviction, en cache malheureusement une autre, la façon de *s'aplatir* avec le même entrain, le cas échéant d'une mode nouvelle.

Dans cette facilité toujours croissante à changer de chemise politique, je vois autre chose qu'une extrême mobilité de caractère, sinon le défaut absolu de caractère ; j'y distingue un symptôme de décadence fatale, et j'en suis la pente rapide à la simple lumière de mon esprit.

Je tenais donc, par la rude franchise des lignes qui précèdent, à préparer mes lecteurs à la forme sévère et parfois brutale que prendra ma pensée dans le cours de ce livre.

Comme ma conscience et mon bon sens n'admettent pas qu'on puisse être *réellement* républicain, royaliste ou impérialiste, sans une raison sérieuse de l'être, et simplement par esprit d'opposition systématique, par taquinerie puérile, par intérêt, par ambition, par amour-propre froissé, par convoitise de place ou d'honneurs, ou par simple question de mode ; comme ma conscience et ma droiture n'admettent pas qu'on puisse avoir une opinion politique sincère, constante, sans croire de bonne foi que cette opinion est l'expression de la vérité, sans être convaincu par l'examen et le raisonnement qu'on est en possession de cette vérité ; comme ma conscience et ma loyauté n'admettent pas davantage qu'on puisse sans déshonneur et sans honte passer d'un camp à un autre avec l'élasticité d'un acrobate, changer d'opinion avec la même prestesse qu'on change de linge, retourner son habit aussi lestement qu'un acteur comique chargé de plusieurs rôles, je considère comme une prérogative de logique, comme un droit absolu de critique et d'historien, de blâmer les enthousiasmes spontanés de la masse ignare du public, que je compare à des feux de paille pour la durée, avec la même sévérité que je condamne, chez les gens intelligents, instruits et sérieux, les travestissements politiques auxquels ils se livrent par intérêt, par calcul ou par ambition.

Malheureusement aussi, comme sous ces faces diverses l'épidémie de la mode et des volte-face en politique est le mal incurable des générations actuelles, et que la révolte de ma conscience est impuissante à rendre à notre pays cette foi politique ou cette foi religieuse qui firent notre grandeur passée et que nous avons à jamais perdues, je me suis imposé le devoir suprême, le devoir d'un observateur qui voit l'abîme où l'entraînent avec eux les imprudents, les sots et les pervers,

De crier : Gare !

Non point comme un avertissement de salut, ma comme la prédiction de la fin !

C'est ce que je fais.

AVANT-PROPOS

AVANT-PROPOS

On se fait une fausse idée de la personnalité morale des gens qui ont joué le rôle de prophètes. On se méprend encore aujourd'hui, comme on s'est toujours mépris, sur le caractère vrai de ce que nous appelons leurs prédictions.

Je commence tout d'abord par reconnaître qu'il n'est donné à aucun homme d'assigner tel ou tel événement précis et déterminé à telle ou telle époque de la vie des peuples ou des individus. Mais j'ajoute aussitôt que les rares esprits auxquels on donne la qualification de prophètes ne sont tout simplement que des esprits clairvoyants, des pen-

seurs absolument dégagés des passions, des intérêts, des vanités et des convoitises qui divisent
leurs contemporains, des spectateurs impartiaux,
des juges inexorables de la pièce à laquelle ils as-
sistent, sans plus de souci de la personnalité des
acteurs en cause que du public qui leur prodigue
des sifflets ou des applaudissements.

A ce titre donc, je m'érige en révélateur de ce
que la logique des choses me démontre comme l'a-
venir fatal, rapproché, inévitable.

A ce titre aussi, voici ce que je dis :

Dans le cours des trente années de ma carrière
littéraire de penseur plutôt que d'homme de lettres
ou de journaliste, j'ai la satisfaction de ne m'être
pas trompé dans les inductions que j'ai tirées des
faits et gestes dont je me suis trouvé le témoin.
La franchise de cette déclaration ne peut être taxée
d'outrecuidance; elle n'est que la résultante des
réflexions que j'ai émises et souvent brutalement
exprimées dans mes écrits. Dès 1846, mes méditations sur l'état des esprits en France, m'avaient
fait pressentir comme prochaine la Révolution de
février 1848, et je manifestai mes pressentiments
dans un dithyrambe politique dont la rédaction du
journal *Le National* garda prudemment la copie, qui

ne fut publiée que plus tard dans le journal *Le Père du Peuple* (1).

---

(1) Dithyrambe de quarante-deux strophes, intitulé : *A l'œuvre!* J'en détache et reproduis les strophes qu'on va lire :

> La souffrance du peuple accroît votre bien-être;
> C'est une ombre au tableau de vos prospérités,
> Un livre dont vos yeux aiment à se repaître
>   Pour savoir de quel prix peut être
>   Chacune de vos voluptés!

> Honte alors, et malheur sur toi, race insensée!
> Qui te ris de nos droits comme de ton devoir!
> Malheur! Demain peut-être, à ton chevet dressée,
>   Tu verras la France offensée
>   Se changer en fantôme noir!

> Tes doigts, alors crispés sur ta couche impudique,
> Pâle, l'œil effaré, tes dents claquant d'effroi,
> Que dira ta grandeur au fantôme magique,
>   Qui, s'appelant la République,
>   Brisera tes tables de Loi?

> . . . .

> 'As-tu donc oublié le lugubre mémoire
> Qu'ont légué tes aïeux à leur postérité?
> Ne t'en souvient-il plus, ou ne veux-tu plus croire
>   A ce grand drame expiatoire
>   De l'ère de la Liberté?

> . . . .

En 1849, dans mon livre *Les Fantômes* ou *Le*

La France, hélas! n'est plus la France de nos pères;
Dans la corruption son grand corps se dissout;
Un vieux sang vicié chauffe encor ses artères;
      Mais si nous scrutons ses viscères,
      La gangrène, la mort partout!

A qui la faute? A qui doit en porter les peines,
Aux vils accapareurs d'un système perdu,
Qui, partout, l'or en mains, ont marchandé nos haines
      Et caché nos antiques chaînes
      Sous celles d'un peuple vendu;

A ces ambitieux, vides de gloire et d'âme,
Dont le sophisme en vain masque la trahison,
Qui devant l'étranger portent un cœur de femme,
      Et qui drapent notre oriflamme
      De leur symbolique toison.

La Révolution, pour sacrer sa mémoire,
Leur a remis, au bout de son glaive vainqueur,
La France... Qu'en font-ils, de la France? Une foire
      Où tout se vend, même la gloire,
      Au plus offrant enchérisseur;

Où tout s'offre et s'adjuge, honneur et conscience,
Croyances, liberté, vertu, serments et foi;
C'est comme au temps de Rome, en notre pauvre France,
      Le signe de la décadence
      De l'empire du Peuple-Roi!

. . . .

monde révolutionnaire (1), j'avais entrevu dans le cours du siècle la chute des grandes autocraties européennes, et j'assignai l'Italie pour point de départ de ce grand ébranlement. Cette fois encore, bien que la grande œuvre ne soit pas encore consommée, j'ai commencé à avoir raison, et la guerre d'Italie a amené Sadowa, puis la guerre de 1870 a amené la capitulation de Sedan et la perte de l'Alsace-Lorraine, comme elle amènera fatalement ce que je ferai entrevoir dans le cours de cette publication, la fin des autocraties militaires et l'avénement de la Démocratie pacifique.

En 1864, dans mon livre *Le Sac à malices* (2), si sérieux au fond sous sa forme plaisante (chapitre intitulé *Le Père Trinquefort au bord du Rhin*), j'avais percé à jour la politique dissimulée de la Prusse et de l'Autriche, et l'état précaire de l'Allemagne vraie, de l'Allemagne confédérée; j'avais mis en

---

Courage, hommes de cœur! Il en est temps encore,
A l'œuvre! Entendez-vous? A l'œuvre, à l'œuvre enfin!
Pour extirper ainsi le mal qui nous dévore,
    Ne renvoyez pas à l'aurore,
    Il ne serait plus temps demain.

(1) 1 vol. in-8°. Paris, 1849. Prève, éditeur.
(2) 1 vol. in-12, Paris, 1864, Maillet, éditeur.

relief l'antagonisme des deux grandes puissances,
et leurs prétentions réciproques d'absorber, chacune exclusivement, la suzeraineté de la Confédération germanique ; j'avais enfin prédit la lutte armée et prochaine entre ces deux compétiteurs et
pour résultat final l'effacement de cette Confédération. Voilà ce que j'écrivais dans le chapitre cité
plus haut ; c'est le père Trinquefort, le vieux confé-
déré allemand, que je faisais parler ainsi :

« Sais-tu ce que la vraie Allemagne, l'Allemagne
« propre, l'Allemagne véritablement teutonique
« doit faire en cette extrémité? Je vais te le dire.
« Nous sommes étreints, comme entre les mors
« d'un étau, par la Prusse et par l'Autriche. Heu-
« reux encore, quand l'une et l'autre ne se font pas
» aider dans cette opération par la Tartare-Russie !
« Qu'elles s'entendent ou qu'elles se jalousent,
« nous n'en sommes pas plus heureux. Avec le con-
« cours de commande qui est apporté à chacune
« d'entre elles par des soldats étrangers, Polonais,
« Italiens, Hongrois, servant de force sous leurs
« drapeaux, elles pèsent d'un poids fatal dans la
« balance des destinées allemandes. Elles ne pren-
« nent en apparence les intérêts de la Confédération
« et n'ont souci de l'unité de l'Allemagne, que parce

qu'elles n'osent réciproquement la confisquer,
celle-ci au détriment de celle-là, et se l'approprier
chacune à l'exclusion de l'autre. Leur adjonction
à la Confédération germanique n'est que factice;
et leur premier soin, si jamais elles parvenaient
à s'entendre, comme cela a eu lieu pour la Pologne, serait de se partager l'Allemagne proprement dite et de la rayer de la carte d'Europe en
en faisant, ici une possession prussienne, et là
une possession autrichienne. Aux yeux de la
Prusse, comme aux yeux de l'Autriche, la véritable unité pratique cherchée par l'Allemagne se
trouverait ainsi, à défaut d'absorption unique par
l'une ou par l'autre, dans l'annexion des États
confédérés, au nord sous un sceptre Prusso-
Slave-Germanique, et au midi sous un autre
sceptre cette fois, Austro-Germanique-Hongrois-
Italien-Slave. Peu leur importe, à ce que je vois,
le sang de notre antique race ; ce qui leur sourit
à toutes les deux de préférence, c'est un accroissement de territoire et de puissance, ici dans les
mains des Hohenzollern, là dans celle des Haps-
bourg. C'est là tout le secret de l'antagonisme
profond et des hypocrites rapprochements de ces
deux faux frères; c'est là qu'il faut chercher la

« raison de la stagnation sociale et politique de
« notre Allemagne, et la cause des insurmontables
« difficultés que nous rencontrons pour asseoir dé-
« finitivement notre unité, etc., etc. »

Et cette fois encore, la guerre de 1866 entre la
Prusse et l'Autriche, et l'*englobement* de la nationalité allemande dans la souveraineté exclusive de
la Prusse, ont donné raison aux réflexions qu'on
vient de lire.

Enfin, en 1867, alors que tout semblait sourire
à l'Empire de Napoléon III, et que les plus grands
monarques accouraient à l'Exposition universelle
de Paris, comme pour fêter la suprématie sans rivale de la France, qu'ai-je pensé de la situation?
Ce que je n'ai eu l'occasion de publier, même à mots
couverts, qu'en janvier 1870, dans une longue étude
sur le *mouvement industriel et financier en France
depuis 1848* (numéros des 8, 15 et 22 janvier, du
Journal des Actionnaires). J'en extraits textuelle-
ment ces lignes : « L'année 1866 avait été le point
« culminant du mouvement des affaires sous le ré-
« gime du second Empire... En 1867, année de
« l'Exposition universelle, la situation générale des
« affaires ne se modifia pas sensiblement; il y eut
« comme un temps d'arrêt significatif. Mais cette

« halte ne pouvait être de longue durée ; en affaires
« pas plus qu'en politique, on ne saurait se com-
« plaire longtemps en équilibre entre le mouvement
« d'ascension et le mouvement de recul. Le régime
« impérial s'était épuisé à soutenir pendant quinze
« ans l'impulsion qu'il avait donnée, dès 1852, à
« l'esprit d'entreprise. L'Exposition universelle de
« 1867 a exprimé son suprême effort ; mais ce der-
« nier effort est resté stérile et demeurera stérile,
« comme l'a été l'Exposition universelle si on la
« considère dans ses résultats pratiques, abstrac-
« tion faite des merveilles industrielles qu'elle a
« offertes à l'admiration du monde entier. A partir
« de cette année, en effet, on a rebroussé chemin,
« et l'on revient désormais en arrière avec autant
« d'entrain qu'on était allé naguère en avant, etc.»

Et cette fois encore, bien qu'en termes prudemment voilés à propos du mouvement industriel,
n'avais-je pas signalé la fin prochaine du second
Empire ?

Aujourd'hui donc, bien qu'il m'en coûte de faire
entrevoir à ceux qui me liront le grand travail de
transformations politiques et sociales que la logique
des choses accomplit fatalement de nos jours, en-

vers et contre toutes les manœuvres intéressées à barrer le passage à l'avenir, je viens dire :

Aux paupières aveugles : *Epheta,* ouvrez-vous !

Aux esprits prévenus : Détrompez-vous !

Aux sots : Rabattez de votre quiétude béate !

Aux intrigants : Rentrez dans vos coquilles !

Aux vanités en goguette : Calmez-vous !

Aux convoitises en rût : Émoussez-vous !

Et à tout le monde : Lisez !

Sur ce, riez, si vous le voulez ; mais rira bien qui rira le dernier, et j'espère bien qu'il me sera donné cette fois encore d'avoir raison des plus intrépides rieurs.

Que l'on sache bien seulement que je ne suis point un idéologue, que je ne suis point un prophète, et que je ne suis qu'un penseur, un homme de réflexions sérieuses et de bon sens pratique.

La grande majorité des hommes ne pressent les événements que lorsque leur épiderme en est affecté. Ces gens-là ne voient que de près ; moi, je vois de loin ; c'est là toute la différence entre eux et moi.

PRÉFACE

PRÉFACE

Ma préface ne peut et ne doit ressembler à la préface d'aucun des livres publiés jusqu'à ce jour. La raison de cette différence est fort simple, et je la donne en quelques mots.

Je ne veux ni amuser avec des fantaisies humoristiques, ni simplement distraire avec des gentillesses dites littéraires, qui n'ont, en général, pour principal mérite qu'une forme plus ou moins correcte ou incorrecte, plus ou moins excentrique ou raisonnable, plus ou moins fade ou pimentée.

Le temps est passé de ces sortes d'agréments de l'esprit qui sont la fortune des temps calmes et sereins, et dont la ciselure littéraire fait à peu près tous les frais. L'heure présente appelle notre attention tout entière sur l'avenir vers lequel nous tendons avec la rapidité de l'ouragan; et c'est bien autrement important qu'une distraction littéraire.

On ne polit pas son œuvre devant le danger, et je ne me suis pas du tout préoccupé de polir la mienne. A un homme qui se noie, je n'adresse pas de beaux et longs discours sur la prudence, la circonspection et une foule d'autres vertus; je lui dis brièvement, en lui tendant une perche à saisir : Prends! et, s'il la prend, je le tire du gouffre. Du reste, la marche rapide des événements ne m'a pas laissé ce loisir. Je me suis hâté, pour ne pas imiter Archimède qui, occupé de la solution d'un problème, fut surpris et tué, à la prise de Syracuse, par un des soldats du consul romain Marcellus.

La vérité *vraie* ne fait pas des frais de toilette, et je la présente toute nue, sans fard ni atours. Accueillez-la ou fermez-lui votre porte, il m'importe peu, c'est votre affaire. Ce qui m'importe seulement comme contemporain, c'est qu'elle ait fait son apparition sans la permission ou malgré la défense de qui que ce soit, et de mon seul agrément.

Êtes-vous satisfait? Si oui, si non, tant pis ou tant mieux.

Dans ma conscience d'honnête homme, de bon citoyen et surtout de patriote, moi, je suis satisfait, et je tiens à honneur d'avoir le courage de dire ce que je crois être la vérité, indistinctement aux adversaires comme aux amis politiques.

Je sais bien que j'aurai maille à partir avec ceux-ci ou avec ceux-là, malgré les déclarations précises de mon *avis d'auteur*. Les uns pourront bien insinuer que je trahis la cause, en lavant le linge sale en public, et non en famille, comme le voulait Napoléon Ier. Les autres m'en voudront peut-être aussi de mes révélations critiques sur les périodes des règnes qui les intéressent.

Je me contenterai de dire aux uns et aux autres dès à présent, que, pour agir ainsi, je me suis placé au-dessus de toutes les considérations mesquines et intéressées qui altèrent ou du moins atténuent la sincérité.

Et puis, je le répète, que mon livre déplaise aux uns comme aux autres, il importe peu ; il se trouvera toujours assez de gens loyaux, assez de lecteurs de bon sens, dont le jugement devancera pour moi l'impartiale justice de la postérité. Et finalement, comme je descends en droite ligne de ces vieux Allobroges « qui ne craignaient que la chute du ciel, » j'attends que le ciel tombe sur moi pour avoir peur, *seulement un peu,* car, je le confesse hautement, je crois mon âme (mon vrai MOI) immortelle, et, conséquemment, inaccessible aux atteintes de la matière.

Sur ce, lecteurs, ouvrez ou rejetez mon livre, je garderai mon impassibilité ; comme ces vieilles Alpes au pied desquelles s'est épanouie ma jeunesse, je ne broncherai pas, et je continuerai, comme elles, à recevoir, sans tressaillir ni de crainte ni d'aise, les coups imprévus de la foudre et les rayons dorés du soleil.

Impavidum ferient ruinæ

(Hor.)

Paris, le 17 juin 1870.

OBSERVATIONS ESSENTIELLES

OBSERVATIONS ESSENTIELLES

En traçant dans le cours de cet ouvrage le tableau de la démoralisation actuelle en France, je
n'ai fait que mon devoir strict ; j'ai obéi à ma conscience de patriote qui me commandait de signaler
nos plaies sociales, afin que les âmes généreuses,
encore nombreuses dans notre pays, pussent y
porter remède.

Mais la lumière qui m'a permis de découvrir les
vices dont nous souffrons ne m'a pas ébloui au
point de n'étaler au grand jour que nos misères
nationales et de laisser dans l'ombre celles de l'É-
tranger.

Bien au contraire, la même lumière qui a facilité
mes investigations en France m'a révélé les abais-

sements non moins significatifs des autres pays. Là, comme ici, je distingue les symptômes caractérisques de la démoralisation qui mine sourdement divers États du Continent ; et, pour ne citer que cette Allemagne qui semble tenir aujourd'hui le haut du pavé politique entre tous les peuples de l'Europe, sauf à trébucher piteusement un beau jour, je n'ignore pas que sa population, du haut en bas de l'échelle, n'est pas moins gangrenée que la nôtre.

A égal degré de gangrène, sans doute, grâce à l'esprit de famille et à l'esprit national qui dominent dans sa population, et modèrent le progrès du mal, l'Allemagne arrivera moins vite que nous peut-être à la décomposition finale. Mais aussi, à égal degré de gangrène, la France, qui a été longtemps coutumière des grandes crises salutaires, est, par son tempérament, si différent de celui de l'Allemagne, beaucoup plus capable, par une subite volte-face, de regagner la bonne voie avec le même entrain qu'elle s'est engagée sur la pente fatale.

Ces brusques revirements auxquels nous avons dû plus d'une fois le salut à l'heure du danger, sont propres au naturel du Français, à la vivacité de son esprit, à la générosité de ses élans, à la pétulance de son imagination, à la spontanéité de ses résolutions.

En Allemagne, on marche d'un pied lourd, constant, mais sûrement et sans retour en arrière, à la démoralisation. En Angleterre, on va droit au même but, mais pratiquement, méthodiquement, à pas calculés, comptés.

En France, au contraire, c'est par entraînement, par soubresauts, par une sorte d'accès de folie furieuse que nous courons au précipice comme à une fête ; mais le même esprit qui nous emporte, s'arrête souvent court à la margelle de l'abîme que franchiront sans broncher, de leur pas lourd ou méthodique, les Allemands et les Anglais.

Ceci dit, pour prévenir les inductions déplacées et la morale singulière que les Étrangers pourraient tirer des révélations critiques de cet ouvrage.

Ceci dit aussi, pour affirmer ce principe de bonne politique : « Qui aime bien son pays, ne doit pas lui « dissimuler la vérité. »

Après tout, je répéterai ici même, à l'adresse des détracteurs que mon franc-parler pourra soulever contre moi, ce que le général athénien Thémistocle dit à Eurybiade, commandant de la flotte lacédémonienne, qui, différant d'opinion sur le plan d'attaque de la flotte de Xércès au détroit de Sala-mine, osa lever le bâton sur lui : « *Frappe, mais* « *écoute.* »

L'HOROSCOPE

PRÉDICTIONS POLITIQUES

De 1876 à 1900

CHAPITRE PREMIER

VÉRITÉS POLITIQUES. — EXEMPLES HISTORIQUES A L'APPUI.

CHAPITRE PREMIER.

Vérités politiques. — Exemples historiques à l'appui.

Voulez-vous connaître un peuple, étudiez chez
ce peuple les mœurs et les caractères. L'étude
que vous en aurez faite vous démontrera que
l'histoire des événements auxquels il a parti-
cipé en est la fidèle et sincère expression.

Je dis mieux, quand bien même vous igno-
reriez absolument ses faits et gestes, du moment que vous êtes édifiés sur les mœurs et
les caractères, vous pouvez hardiment affirmer
sans craindre ni erreur, ni méprise, ni démenti,

que les événements, quels qu'ils soient, dont se compose l'histoire de ce peuple, ne peuvent que refléter exactement les mœurs et les caractères du temps où ils se sont produits.

A son tour, l'état des mœurs et des caractères accuse fatalement le degré de la foi politique ou de la foi religieuse d'une époque. On peut juger alternativement de l'un par l'autre avec la même certitude et déterminer d'une manière précise la marche ascendante ou descendante d'un pays.

Il n'y a jamais eu, il n'y a pas et il n'y aura jamais de grand peuple, dans l'acception vraie du mot, sans foi politique ou sans foi religieuse. La foi politique, de même que la foi religieuse, est la manifestation la plus élevée de l'âme humaine. L'esprit de patriotisme procède de l'une comme l'esprit de sacrifice procède de l'autre, c'est-à-dire le dévouement, l'honneur, l'abnégation, la vertu, en un mot les aptitudes nécessaires aux grandes choses.

Par la même logique impitoyable, au contraire, les peuples uniquement pénétrés de l'esprit de commerce et de lucre, n'ont jamais atteint et n'atteindront jamais l'éclat, ni la force, ni la durée des peuples de foi politique ou religieuse. En effet, quel rôle ont joué et combien de temps ont vécu les peuples sans foi politique ou religieuse, mais exclusivement trafiquants, de la Phénicie et de Carthage, et plus tard les républiques commerçantes d'Amalfi, de Gènes, de Venise, etc?

Autrefois, la vieille Egypte ne fut grande et n'a duré que par ses institutions marquées au coin de sa double foi politique et religieuse.

La Grèce antique ne fut grande que par l'exubérance de son patriotisme local et la force de ses traditions de race commune.

Le peuple romain ne fut grand et n'a duré que par sa foi politique et sa croyance à la mission nationale qu'il prétendait tenir de ses Dieux.

Dans les siècles plus rapprochés de nous, c'est à sa foi religieuse que le peuple ottoman a dû de devenir un vaste empire, un moment redoutable aux trois continents d'Asie, d'Afrique et d'Europe, et maintenant agonisant par les causes mêmes que nous assignerons plus loin aux chutes inévitables.

Dans les temps modernes, c'est à sa foi politique, à son esprit national, à son ardeur de propagande biblique, bien plus qu'à l'esprit exclusif de trafic et d'entreprise, que l'Angleterre a dû le développement de sa puissance dans des conditions géographiques qui auraient pu l'entraver chez une nationalité moins vivace et qui l'ont, au contraire, puissamment stimulé.

C'est enfin, par sa foi politique, dont la révolution de 1789 fut l'éclatante manifestation et le premier Empire l'expansion militante, que la grande France monarchique de Louis XIV était devenue la grande nation, l'initiative ardente des réformes politiques, économiques et sociales des peuples ; de même que c'est à sa foi religieuse que cette même France a dû d'affronter les régions sauvages d'outre-mer pour y porter, avec son pavillon, la civilisation chrétienne, les goûts et les idées de la métropole.

Je connais l'histoire comme personne dans son enseignement philosophique, et je défie le plus retors des discoureurs de riens de contester sérieusement les points que je viens de préciser.

Eh bien, cela étant, et la proposition majeure de mon syllogisme n'offrant aucune prise à la controverse, je vais préparer la voie à mes conclusions, c'est-à-dire à mes PRÉDICTIONS. Il me suffit pour cela d'indiquer à grands traits le chemin parcouru par les générations françaises dans le cours des cinquante dernières années, c'est-à-dire de signaler, avec les changements successifs survenus dans les mœurs et les caractères, la marche graduelle de l'éclipse, d'abord insensible, puis partielle et maintenant presque totale de la foi politique et de la foi religieuse de nos pères.

CHAPITRE II·

CHANGEMENTS SUCCESSIFS DANS LES MŒURS ET LES CARACTÈRES.

CHAPITRE II.

Changements successifs dans les mœurs et les caractères.

———

I.

LA RÉVOLUTION DE 1830.

La révolution de 1830 n'exprimerait rien qu'un jeu sanglant, un jeu d'idiots ou d'énergumènes, si elle ne signifiait que la foi politique, mal prévenue, en vint aux prises avec la foi religieuse mal interprétée.

Avant, pendant et après les trois journées de Juillet, que l'enthousiasme du moment se prit à qualifier de *glorieuses*, comme si les combats de frère à frère pouvaient honorer les vainqueurs plutôt que les vaincus, on se méprit de part et d'autre aussi sottement, ici sur la signification vraie et pratique du grand mot vague de liberté, là sur les véritables assises de l'ordre moral ; et, des deux côtés, disons-le, on passa loin de la question économique, vulgairement appelée sociale, sans même l'effleurer et sans réfléchir à cette considération capitale que, si l'homme ne vit pas seulement de pain mais encore d'esprit, il ne vit pas non plus exclusivement d'idées, mais encore de pain.

Ce qui résulta de la lutte, ce fut l'expansion des idées dans toutes les régions de l'intelligence humaine, sciences, beaux-arts, littérature, que sais-je.

La foi politique, dans l'ivresse du triomphe, dévia de sa route, et la foi religieuse, dévoyée à son tour par l'insuccès, imita les errements de sa rivale victorieuse. La victoire de l'une fut un leurre, la défaite de l'autre une méprise, et toutes les deux, errant bientôt à l'aventure loin de leur voies naturelles, portèrent le trouble dans la tradition nationale des mœurs et des caractères.

La foi, de politique devint sociale, puis humanitaire, comme s'il était possible d'atteindre un but sans parcourir d'abord la distance qui nous en sépare ; comme si un tout quelconque n'était pas formé de parties ayant chacune une distinction propre, une sorte d'individualité déterminée, avec lesquelles on est fatalement tenu de compter ; comme si la régénération et la civilisation universelles pouvaient se réaliser à l'aide d'une vague formule, ainsi qu'on le pratique dans les contes bleus avec une baguette de fée ou de magicien, sans qu'il soit nécessaire de passer par les nombreuses filières des races et par les divers degrés de l'échelle sociale des peuples ; comme si enfin on pouvait d'un seul coup faire table rase des traditions, des législations, des doctrines, des croyances, des préjugés, des mœurs, des caractères et des passions propres à chacun d'entre eux et remplacer aussitôt la diversité par l'uniformité.

De son côté, la foi, de religieuse devint éclectique, puis sceptique, comme si elle pouvait être soit l'une soit l'autre sans cesser à l'instant d'être la foi religieuse ; comme si le triage arbitraire et facultatif ne violait pas l'interprétation éclairée ; comme si le doute n'était pas l'éclipse, la négation même de la foi.

Le soleil de l'une et de l'autre allait donc de plus en plus pâlissant. Le pouvoir d'alors crut faire acte d'habileté gouvernementale et se consolider en profitant de cet obscurcissement pour dire au pays censitaire : *Enrichissez-vous !* et à ce qui restait d'esprit national dans les masses populaires en face de l'Etranger : *Chapeau bas !* Les mœurs du pays étaient déjà assez compromises et les caractères assez effacés pour inspirer sinon pour autoriser un

pareil langage. Le pouvoir d'alors, je le répète,
à la dérive comme toutes les doctrines du temps,
n'en fut pas moins impolitique et maladroit, et,
dans un soudain mais temporaire réveil de la
foi politique, il fut emporté.

II.

LA RÉVOLUTION DE 1848 ET SES FRUITS.

On a dit que la révolution de 1848 n'avait eu lieu que pour reprendre les libertés conquises en 1830 et tronquées par le Gouvernement issu des journées de Juillet. C'est une erreur. En apparence, on lutta et on triompha au nom de la liberté; au fond, la lutte ne fut provoquée, engagée et soutenue que par le sentiment de l'outrage infligé en maintes circonstances à l'esprit national par la politique extérieure du pouvoir. La foi politique n'était pas encore si éteinte qu'une étincelle ne pût la ranimer, les mœurs n'étaient pas encore si relâchées qu'une offense ne parvint à les froisser, les caractères pas encore si effacés qu'une humiliation passât sans les atteindre. Le réveil n'eût, il est vrai, que la durée d'un éclair, mais cet éclair dévora un gouvernement, un système, une dynastie.

La foi politique, les mœurs et les caractères se crurent alors vengés de l'abaissement continu qu'on avait reproché au Régime disparu, sans se rendre à soi-même cette justice qu'on en avait été les bienveillants comparses ou les complices inconscients.

Mais cette satisfaction d'un jour ne releva le niveau ni de la foi politique, ni de la foi religieuse, ni des mœurs, ni des caractères. Ce fut, au contraire, à qui se hâterait le plus d'en faire litière. Ici, chacun de s'empresser de déblayer le terrain, de s'emparer d'une ruine, d'un débris pour s'en faire une place, un siége, une fonction, une sinécure dotée, rétribuée, salariée plus grassement encore que par le passé. Le fameux mot *Enrichissez-vous!* du système de Juillet était tombé dans un sol préparé à le recevoir, et tout le monde, jusqu'aux puritains de la politique, l'interprétant librement, se mit à fureter dans les décombres pour s'y dresser un nid au soleil. Là , chacun de fouiller dans les arcanes de son cerveau et d'en extraire les doctrines les plus étranges, les théories les plus excentriques, les projets de réformes politiques et sociales les plus insen-sées. Il n'y eut pas de cervelle malade qui ne rêvât de déplacer l'axe du monde politique et du monde moral, pour le remplacer par une aiguillette de sa fabrication. Les réformateurs firent éclosion comme les larves après l'orage. Il y en eut comme des générations spontanées dans toutes les couches sociales , depuis le bouge infect où la vermine leur faisait cortége jusqu'aux palais splendides où la valetaille émerveillée applaudissait aux hypocrisies démo-cratiques de leurs opulents possesseurs.

Ce fut un déplacement général des lobes du cerveau humain dans notre France. Foi politique, foi religieuse, mœurs, caractère, idées, rêves, théories se trouvèrent alternativement mêlés , heurtés , confondus , disjoints , rapprochés ou distancés suivant les affinités ou les répulsions des milieux où le hasard les entraînait, sarabande à la fois plaisante et pitoyable qui ne cessa de tournoyer dans le vide qu'au coup d'Etat de 1851.

De cette tourmente, brusquement arrêtée par un acte d'audace criminelle dont l'expiation s'est fait attendre vingt ans, il ne resta debout qu'une chose, la seule création sérieuse de ce temps, le *suffrage universel*, assises solides de l'avenir si la sincérité et la bonne foi devaient en avoir la garde, ou vaste abîme de perdition nationale, si la perfidie et l'imposture y laissaient glisser ce qui restait encore de foi politique, de foi religieuse, de mœurs et de caractères, alternative terrible entre les deux termes de laquelle le sort de cette vieille France de quatorze siècles allait être suspendu.

Au milieu de la confusion où, pendant trois ans, se multiplièrent à l'infini les illusions variées que la presse, la tribune et les livres avaient jetées en pâture à la curiosité ou aux appétits du pays, la dernière étincelle de la foi politique s'était égarée. La foi religieuse, de son côté, perdue dans une atmosphère hostile ou neutre, s'était résignée à n'être plus qu'une lueur vacillante, et, par des amoindrissements progressifs, sa splendeur d'autrefois avait passé à l'état de lumignon. Les vieilles mœurs françaises, à leur tour, déjà profondément altérées, s'étaient imprégnées de cosmopolitisme au contact des théories humanitaires. Les caractères, enfin, qui avaient conservé jusqu'alors la double empreinte originelle de la virilité franque et de la jovialité gauloise, s'étaient abâtardis sans retour sous l'énervante action de la politique vulgaire des dix-huit années écoulées.

Il ne restait plus, en un mot, de notre patrimoine de race et de nos traditions séculaires qu'un mince bagage de qualités indécises abandonné comme enjeu aux luttes imminentes des fractions socialistes ou aux tentations d'un dictateur d'aventure. L'appât devait appartenir au plus prompt, au plus audacieux des coureurs de fortune, et c'est à ce dernier qu'il échut.

III.

RÉGIME DU SECOND EMPIRE ET SES SUITES.

Le coup d'Etat du 2 décembre 1851 devait être le coup de grâce porté à l'esprit national, et tout ensemble à la foi politique, à la foi religieuse, aux mœurs et aux caractères de notre pays, et il le fut.

La résistance d'un jour que rencontra l'usurpation ne lui fut opposée que par des groupes isolés, sans unité d'action entre eux, et par suite, condamnés d'avance à l'insuccès et aux impitoyables mesures par lesquelles devait être assurée l'installation de la dictature nouvelle. La grande masse de la nation, en partie terrifiée par les exécutions sanglantes de la première heure, en partie plongée dans l'atmosphère énervante des excentricités socialistes, en partie encore indifférente au nom comme à la forme du pouvoir, en partie enfin séduite par les promesses dorées du Maître qu'un coup de main venait d'improviser, cette grande masse, disons-nous, pusillanime, endormie, inerte ou béate, laissa faire et laissa passer. Son silence fut interprété comme une adhésion, en vertu de l'axiôme populaire : *Qui ne dit mot consent*. Et bientôt, aiguillonnée par les appâts qu'on se hâta d'offrir à ses appétits de lucre et de luxe, à sa soif des honneurs, à ses insatiables vanités, à ses faiblesses pour le clinquant, à sa frivolité traditionnelle, à son incorrigible oubli des leçons reçues et des outrages essuyés, cette même France se prit à passer gaiement, ici de la lâche terreur à la confiance folle, là de la léthargie des rêves humanitaires à l'activité fébrile du MOI égoïste, plus loin de l'indifférence en matière de gouvernement à l'engouement instantané pour le nouveau régime, et, partant, de la répulsion instinctive ou motivée à l'enthousiasme irréfléchi ou désordonné.

Le second Empire était fait.

Un pont d'or jeté à la convoitise de ceux-ci avait suffi pour les faire passer à l'astre nouveau. La perspective d'une prospérité industrielle et commerciale sans exemple avait entraîné ceux-là à leur suite. Pour les uns et pour les autres, également abusés, l'épopée resplendissante du premier Napoléon allait se reproduire au grand tressaillement d'une fibre patriotique, engourdie, hélas! pour jamais, par les abaissements du précédent règne. Et la tourbe populaire, toujours folle, comme dans l'ancienne Rome, des spectacles et des jeux du cirque, se tenait prête à sacrer par ses lazzis et ses vivats les distributeurs de ses divertissements.

Le premier soin du second Empire en s'installant, avait été d'afficher hardiment cette réclame séduisante à l'adresse des bonnes gens : « *Que les bons se rassurent et que les méchants tremblent!* » Il n'en fallait pas davantage pour faire converger tous les intérêts religieux aux pieds du trône étroitement uni désormais à l'autel, et l'un l'autre se consolidant pour une durée commune. La confiance des âmes pieuses ainsi captée tout d'abord, il s'agissait de gagner ensuite celle du Capital et du Commerce. Une seconde réclame, non-moins séduisante : « *L'Empire c'est la paix !* » réussit à merveille. Et tout aussitôt Capital et Commerce de se livrer à toutes les entreprises imaginables de leur ressort.

Ici et là on se trompait.

Ici, on avait escompté le concours sincère, efficace du Trône pour ranimer la foi religieuse qui, toujours plus languissante, menaçait de s'éteindre tout à fait.

Là, bien que l'on comptât sur le prestige attaché au nom de Napoléon pour garantir de toute atteinte la dignité de la France, on s'était persuadé que l'ère des aventures militaires ne se rouvrirait plus.

Des deux côtés, je le répète, on fut trompé.

D'une part, plus que jamais ballottée par la

politique à bascule du second Empire entre l'appui *officiel* qu'on lui prêtait, et les attaques perfides qu'on lui ménageait sourdement ou qu'on tolérait *officieusement*, la foi religieuse n'eût plus que des intermittences de rayonnoment indécis, indice d'une disparition prochaine.

D'autre part, grâce à cette même politique à bascule d'intervention et de nationalité qui nous valut des expéditions ruineuses pour nos intérêts matériels, notre foi politique, imitant nos capitaux, devint cosmopolite de patriote qu'elle avait été.

En un mot, le double jeu du second Empire avec le Saint-Siége n'en devait pas moins amener bel et bien la perte du Pouvoir temporel de la Papauté, et cette même duplicité politique n'en devait pas moins conduire la France au point où la guerre de 1870 nous a laissés.

Du reste, il est constant que les enseignements tombés d'en haut exercent une action puissante sur les masses d'en bas. La duplicité érigée en système de gouvernement et de conduite par le pouvoir était un exemple pernicieux auquel le second Empire se complut malheureusement à donner un vif éclat. Ce fut là la perte morale de notre pays ; ce fut également sa perte.

Qu'était donc l'Empire, envisagé politiquement, philosophiquement, moralement, au point de vue de l'avenir dont je cherche à déchirer le voile? J'en vais tracer à grands traits le tableau vrai, impartial, dans les pages qui suivent.

L'Empire au point de vue politique.

La politique *intérieure* du second Empire était la compression, dissimulée sous la raison d'ordre et d'intérêt publics, et, en réalité, pratiquée exclusivement pour la conservation du pouvoir suprême et la transmission héréditaire qu'on se promettait.

Sa politique *extérieure* consistait à brouiller les cartes des amis et des ennemis indistinctement, afin de se faire donner un rôle d'arbitre qui flattât la vanité cauteleuse du manipulateur, sans toutefois mettre à nu les perfidies de la prestidigitation.

Intérieure ou extérieure, la politique impériale sentait le théâtre forain, et les habiletés dont on y faisait montre n'étaient que de vulgaires ficelles. Seulement cette politique eut pour effet déplorable de grossir le nombre des badauds et d'habituer les chalands à saluer humblement les coups de grosse caisse, à se pâmer d'aise en écoutant des riens.

Encore dix ans du même régime, et fourbes, traîtres, idiots se fussent multipliés à tel point que les gens de bon sens, les gens sincères, honnêtes et loyaux, réduits à un nombre infime, eussent été conduits comme des fous à Charenton.

L'Empire au point de vue matériel.

Trois ordres de faits avaient été revendiqués et n'ont cessé de l'être depuis, au crédit du second Empire par les partisans de ce régime : la liberté commerciale et les traités de commerce ; le développement des voies ferrées ; et l'impulsion donnée aux travaux publics.

La liberté commerciale et les traités de commerce avaient beaucoup promis, mais ont peu tenu. Ces deux innovations économiques n'ont eu jusqu'à présent d'autres résultats et d'autres fins dans notre pays que de rendre hommage à un principe général que j'admets *à priori*, qui peut avoir pour l'avenir des conséquences avantageuses, mais dont les consommateurs français de nos jours ont vainement espéré goûter les profits. Cette liberté et ces traités de commerce n'ont en réalité profité qu'à l'É-tranger d'abord et aux trafiquants de notre pays en seconde ligne. D'une part, la grande masse de notre population a vu s'accroître, au lieu de diminuer, le prix de toutes choses ; et, d'autre part, la France a perdu le monopole des spécialités industrielles que le monde nous enviait autrefois et qui aujourd'hui, quoi qu'on en dise, se trouvent bel et bien confondues avec les innombrables stocks de toutes les concurrences étrangères.

En somme, et sans nous prononcer ici ni pour ni contre la liberté commerciale et les traités de commerce, il n'en paraît pas moins constant que le problème de la vie à bon marché sous toutes ses faces est aujourd'hui plus que jamais éloigné de sa solution, et que les résultats obtenus sont de tous points contraires à ceux qu'on avait espérés.

En ce qui concerne nos voies ferrées, ce serait commettre une grave erreur historique et économique, ce serait blesser le bon sens que de rapporter au second Empire le développement donné dès son début à nos réseaux de chemins de fer. Ce développement était une impérieuse nécessité des temps qui se serait fatalement imposée sous tout autre gouvernement. Cette question de vie ou de mort pour notre commerce était résolue d'avance, en dehors de toute immixtion gouvernementale ; et ce qui le prouve, c'est l'extension donnée alors presque simultanément aux voies ferrées de toutes les régions de l'Europe. L'Empire n'eut donc pas à se faire gloire d'un fait qui se fût produit, *quand même*, sous tout autre régime politique. Il eût été mieux fondé sans doute à faire parade de son initiative en matière de travaux publics à l'intérieur, et notamment du puissant concours prêté aux embellissements de Paris. Mais sur ce point encore, il importe de considérer que le rôle actif joué par l'Empire dans l'exécution de ces entreprises lui était imposé par la nécessité politique de fournir du travail aux classes laborieuses et de leur faire oublier dans les bénéfices du présent les espérances *démocratiques et sociales* que l'avènement de l'Empire avait brutalement ajournées.

Il importe aussi de ne pas négliger cette autre considération, beaucoup plus importante encore : c'est que la transformation matérielle de Paris ne s'était pas effectuée sans altérer profondément ce que j'appellerai sa constitution morale primitive.

En effet, les embellissements que Paris devait au régime impérial étaient un moyen sûr d'y faire affluer les étrangers, d'y développer le goût du luxe et par cela même d'y attirer l'or de tous les pays du monde. Mais Paris, si radicalement transformé, avait perdu son type originel qu'il n'a pas recouvré depuis et qu'il ne recouvrera jamais.

Avant le second Empire, Paris était français ; vers la fin de ce régime, il avait cessé de l'être, et ses habitants ne rappelaient plus au moral les Parisiens d'avant le coup d'Etat du 2 décembre 1851. Si, du moins, Paris s'était contenté de mentir pour un temps à son origine, à ses traditions, à son esprit national, le mal n'eût pas été irrémédiable. Mais ce vieux Paris de nos pères, restauré à neuf pour de nouveaux hôtes de toutes les latitudes, n'avait plus rien du berceau vénéré de notre unité nationale ; il n'était plus aux Français ; c'était la chose des étrangers de tous les climats qui s'y étaient abattus en oiseaux de proie, les uns pour y couler leur insolente oisiveté, les autres pour y installer des industries bâtardes que les traités de commerce favorisaient outre mesure, ceux-ci pour y introniser leurs mœurs malpropres, ceux-là pour y tendre leurs filets à la bonne foi ou à la cécité, d'autres encore pour rapetisser nos caractères et nos élans au niveau de leur couardise de trafiquants, dénaturer nos habitudes, nos usages, nos rapports privés, nos relations publiques, nos principes politiques, nos croyances religieuses, nos idées, nos sentiments, nos mœurs et jusqu'à notre manière de parler, de vivre et de nous vêtir. Il n'était pas jusqu'à nos habitudes culinaires qui ne fussent modifiées à ce point que la cuisine française proprement dite avait disparu devant les goûts atroces des mâchoires démesurées d'outre-mer et d'outre-monts.

Notre vieux fabuliste avait dit : « *Laissez-leur prendre un pied chez vous, ils en auront bientôt pris quatre.* » L'histoire de Paris sous le second Empire justifie à point cette judicieuse réflexion. Notre vieille capitale, rajeunie pour les besoins politiques du régime impérial, le Paris de la France, le Paris de nos aïeux était devenu le caravansérail du monde, l'hôtellerie par excellence des nomades de toutes les contrées de la terre. Et le fait de Paris s'étant étendu à la France, notre territoire national avait été si bien visité, fouillé, étudié par l'Étranger, que nos ennemis de 1870 connaissaient mieux que les Parisiens le chemin de Buzenval et de Champigny.

Quand, sous les empereurs romains, le séjour de Rome fut permis et même offert, à prix d'argent, aux étrangers, la ville de Romulus resta bien encore pour un temps la capitale du monde, mais elle ne fut plus la grande, la vieille Rome. En France, également, sous le second Empire, la foi politique, la foi religieuse, les mœurs et les caractères se ressentirent vivement du contact permanent et contagieux de l'Étranger. On cessa d'être national à Paris et bientôt après en France, à ce point même que, dans les fêtes publiques, notre drapeau tricolore se détachait avec peine du nombre incalculable de drapeaux de toutes les nations. Politesse, empressement, faveurs furent ainsi prodiguées de préférence aux étrangers à qui l'on pouvait hardiment demander plus et qu'on pouvait impunément voler davantage, procédés de trafic répondant à merveille au travail de démoralisation générale sous l'Empire.

Moralement alors Paris était décapité, comme il l'est politiquement aujourd'hui et pour toujours.

———

L'Empire au point de vue moral.

L'empereur Tibère avait dit des Romains :
« *Qu'ils m'exècrent pourvu qu'ils m'obéissent.* »
Mazarin se plaisait à dire des Français du
Grand Règne : « *Le peuple chante, il payera.* »
La pensée intime, secrète de Napoléon III,
pensée qui se trahit dans toutes les mesures et
résolutions de son règne, était celle-ci que
nous exprimons en ces termes : « Le lendemain moral de la France m'inquiète peu, le
jour présent me suffit pourvu que je règne et
que je jouisse. » Et il régnait, en effet, et il
jouissait avec une telle insouciance de notre
lendemain moral qu'il ne s'aperçut qu'aux
premiers revers de 1870 du profond changement opéré par son régime politique et l'influence délétère de sa propre conduite dans les
mœurs et les caractères de notre pauvre pays.
De même qu'en politique extérieure la théo-

rie décevante des nationalités, si follement préconisée et pratiquée sous son règne, avait oblitéré notre patriotisme et nos croyances nationales ; de même qu'en politique intérieure, l'influence néfaste du pouvoir avait déprimé, rapetissé, ravalé nos caractères ; de même aussi, sous l'action corrosive des enseignements tombés du trône, nos mœurs déjà bien relâchées s'étaient absolument corrompues. Paris était la vaste et brillante scène où toutes les turpitudes de l'univers se donnaient libre carrière. A l'instar du Maître, les aphrodisiaques s'y prélassaient en permanence. Les pitres de toutes les catégories y paradaient aux premiers rôles. Les Hétaïres modernes y gardaient effrontement le haut du pavé, quand elles n'allaient pas s'offrir à l'encan sur les coussins d'un *huit-ressorts* payé par la débauche.

Et les enfants du peuple, garçons et filles, émerveillés de toutes ces joies malsaines, de toutes ces voluptés déplorables, rêvaient des moyens licites ou illicites de se les procurer à leur tour dans la mesure de leurs destinées.

Au point de vue moral, dans la société française de ce temps, en haut comme en bas, dans la vie publique comme dans la vie privée, en famille comme dans le monde, au théâtre comme dans la littérature et les arts, tout suintait et puait l'Empire, par cela même que l'Empire alors était tout.

En effet, toutes choses étant ramenées à la source, et la source étant l'Empire, la France n'était plus rien que l'Empereur qui s'était arrogé le don étrange de la personnifier à lui tout seul. Aussi, pendant les dix-huit ans de son règne, les habitudes de ne voir, de ne penser, de ne sentir, de ne respirer que par l'Empereur étaient poussées si loin, et, dans la pensée intéressée de ses parasites et de ses courtisans, dans l'imagination toujours tendue des peureux et des badauds, dans les calculs des agioteurs de toutes nuances et des trafiquants de tous les étages, l'Empereur était si bien tout, que la plus légère indigestion du maître coupait l'appétit à ceux-ci, enrayait les courbettes de ceux-là, déterminait une syncope chez les uns, engendrait le diabète chez les autres, troublait la Bourse, produisait la baisse des valeurs, contremandait les livraisons du commerce. L'Empereur indisposé, la France entière devait l'être aussi, et bien plus encore. La vie de la France était suspendue à la canule du clysopompe impérial. La France c'était l'Empire, c'était l'Empereur et rien que l'Empereur. Ce nom renfermait tout son vocabulaire, et cet homme pesait, à lui seul, dans la balance de nos destinées, le poids des trente-huit millions de bipèdes français.

C'était bien, n'est-ce pas, c'était beau, c'était grand, c'était surtout glorieux pour les générations de ce temps-là qui, aujourd'hui, paraissent ne plus se souvenir déjà du degré d'abaissement où elles étaient si bénévolement descendues, et d'où n'ont pu les relever même les terribles épreuves que la guerre de 1870 nous a fait subir à tous indistinctement.

Le fameux mot : « *Enrichissez-vous !* » qui peignait au vif le régime intronisé en 1830 portait le cachet de puritanisme étroit et d'austérité calculée de son auteur. Et comme ce mot avait fait fortune au point de résumer pour le plus grand nombre toute la sagesse morale et toute la sagesse politique du temps, le second Empire ne fit qu'en corriger l'âpreté, dans l'intérêt exclusif du système napoléonien, en l'ornant de son exergue favorite : « *Amusez-vous !* »

Et l'on s'amusa et l'on se gaudit, on le sait trop, comme au temps de César et d'Auguste, sans trêve ni repos, jusqu'à Sedan !

Un effort généreux, une entreprise hardie, un coup de désespoir peuvent relever un pays de la décadence politique et des catastrophes militaires les plus déplorables. Il n'en est pas de même de sa décadence morale. La régénération morale exige le travail long, pénible et suivi du temps. Un corps en décomposition ne saurait reprendre instantanément son état primitif

malgré les puissants réactifs employés pour l'y
ramener. Une nation profondément gangrenée
est fatalement appelée à disparaître. C'est une
règle historique qui ne comporte d'autre exception que celle des jeunes pousses échappées
à la destruction d'un vieux tronc privé de séve,
frappé de mort et se pulvérisant sous l'action
de l'air qui en emporte et disperse les molé-
cules,

La France glissait déjà sur la pente rapide
de cette décadence morale vers la fin du règne
de Louis-Philippe.

Cet entraînement eût pu être enrayé pour un
temps, sinon arrêté net, par les mesures op-
portunes, sages et fermes d'un pouvoir fonciè-
rement honnête et moral. Le second Empire,
au contraire, le précipita autant par sa com-
plicitée intéressée que par le désordre des
mœurs de tous ceux qui vivaient de lui, s'enri-
chissaient à son enseigne et jouissaient en sous-
ordre des débordements de haut lieu. Sa politique délétère, à l'intérieur, n'avait trouvé

qu'un moyen de se maintenir, de durer et peut-être encore, de faire souche et dynastie, c'était de pousser la population de notre pays, cette population autrefois si chevaleresque, si sobre et si désintéressée, à la satisfaction des appétits matériels, au lucre, au bien-être, au confortable, à la richesse, à l'opulence, dût-on, pour y parvenir, faire litière de toute conscience, de toute délicatesse, des plus nobles sentiments, des aspirations les plus élevées et des plus généreuses vertus. On était descendu, on s'était rabaissé et ravalé à ce point qu'on taxait publiquement de sottise l'abnégation, de duperie le désintéressement, de bêtise la bonté, de niaiserie la dignité, de folie le dévouement, d'absurdité la croyance religieuse et d'imbécillité la foi patriotique.

Amasser le plus possible et jouir au plus vite, telle était la devise du temps, l'enseignement de famille et la conduite sociale.

Et c'est à cette nouvelle école de mœurs, où le développement de l'individualisme étroit et de l'égoïsme sans entrailles justifiait trop bien le mot de Sénèque, *Homo homini lupus*, où l'idée de solidarité était devenue une plaisanterie et le cri de Patrie! un sujet de risée; c'est à cette école de dissolution que s'étaient formées les générations auxquelles la guerre de 1870 allait offrir l'occasion de faire leurs preuves en leur imposant la terrible mission de défendre la France envahie, de sauvegarder son honneur de quatorze siècles, et de mourir, s'il le fallait, pour le salut du Pays... Hélas!

Oui, hélas! Il m'en coûte de déchirer un coin du voile qui recouvre les secrètes turpitudes de cette période malheureuse de notre histoire; mais la vérité avant tout! et en la disant, je ne fais que devancer la postérité qui, elle au moins, n'aura aucune raison de la dissimuler.

Aussi bien, ce que j'en vais dire n'embrassera que des généralités, et par cela même que je ne découvrirai aucune personnalité suspecte, fera ressortir les quelques individualités généreuses dont le dévouement et le nom inscrits dans les fastes lugubres de ce temps, s'ils n'ont pu sauver le pays, ont au moins sauvé son honneur en rappelant la vaillance traditionnelle de notre race avant la démoralisation qui a caractérisé les dernières années du second Empire.

Et du reste, ce trait de plume est une nécessité de logique qui s'impose à mon esprit pour arriver à mes conclusions, à mes prédictions.

La guerre de 1870.

De même qu'il avait commencé, le second Empire ne pouvait finir que par une castas-trophe ; c'est ainsi que je m'étais maintes fois exprimé en paroles et en écrits, de 1866 à 1870, pour prédire sa fin caractéristique. En observateur attentif, j'avais prévu ou plutôt j'avais exactement suivi l'enchaînement et la logique fatale des phases successives de son rôle gouvernemental. *Ineluctabile fatum!* Cette fin était inévitable.

La guerre de 1870, engagée par Napoléon III avec la Prusse, fut un acte d'aberration, le coup de tête d'un homme habitué à jouer son va-tout sur l'éventualité d'une carte favorable et qui comptait sur les chances heureuses de son passé pour réussir encore cette fois. Mais cette guerre de 1870 n'était pas une guerre d'intervention comme celles de Crimée et d'Italie, ni même comme celle du Mexique. Elle devait, à son début, prendre le caractère d'une guerre nationale. Pour soutenir une lutte de cette importance contre une puissance militaire supérieurement organisée comme la Prusse, il fallait autre chose que la confiance téméraire du souverain dans ce qu'il appelait, lui aussi, son étoile et ce que le vulgaire appelle simplement la chance; il fallait pouvoir compter absolument sur la foi politique ou religieuse, les mœurs et les caractères des hommes, généraux, officiers et soldats appelés à combattre le grand combat, à défendre le sol sacré de la patrie, et si la mauvaise fortune d'un jour amenait l'invasion du pays, à y ensevelir l'ennemi sous nos monceaux de cadavres.

Malheureusement, l'important, l'indispensable firent absolument défaut. Le feu du patriotisme était depuis longtemps éteint et le vent de tempête qui souflait sur notre pays fut impuissant à le ranimer. Sur les champs de bataille, il est vrai, par tradition héréditaire,

sinon par patriotisme, nos armées combattirent
vaillamment; le naturel guerroyant de notre
race ne se démentit pas. Mais ce fut en pure
perte, la mauvaise direction, les fausses manœuvres, l'inepte stratégie et un peu aussi les
défaillances et les trahisons ayant compromis
jusqu'à l'héroïsme de nos combattants. Dans
le pays, à l'exception de quelques individualités
généreuses, comme les Dampierre et les Re-
gnault, les de Grancey, les de Luynes pour
ne citer que ces noms, la grande masse de la
population civile se montra ce que l'avait faite
l'Empire, dénuée de foi politique et religieuse,
sans mœurs, sans caractères, bien plus préoc-
cupée des moyens de gagner l'indulgence du
uhlan victorieux que des moyens d'écraser
l'envahisseur.

Dans de pareilles conditions, la grande
nation, la France était condamnée à signer
sa déchéance, et elle la signa, en même temps
qu'elle proclamait la déchéance du souverain
qui l'avait conduite à cet abaissement. Mais

la déchéance de Napoléon III ne pouvait pas consoler de notre propre déchéance, l'une ne rachetait pas l'autre, et la France paya cruellement en un jour les dix-huit années de servitude civique, d'avilissement moral et de décrépitude nationale auxquelles elle s'était volontairement résignée.

L'invasion des Alliés en 1814 et 1815, n'avait eu rien de déshonorant. Nos pères avaient été écrasés par le nombre et non vaincus ; et la campagne de France, conduite par Napoléon Ier est restée entourée d'une auréole qui laisse dans l'ombre souverains, généraux et soldats des armées coalisées. Mais la capitulation de Sedan avec Napoléon III, mais la capitulation de Metz avec Bazaine sont deux grandes pages noires qui coupent le cours de nos annales historiques, séparant à jamais le passé glorieux de la France de l'avenir obscur qu'elle poursuit désormais à l'aventure... Malédiction !

Le 4 septembre et le Gouvernement de la Défense nationale.

Une nation vigoureuse, une population. de trente-huit millions d'âmes qui comptait au moins quatre millions d'hommes valides, aurait pu, se levant comme un seul homme, tenir tète à la mauvaise fortune, se laver de la honte que lui avaient infligée les deux capitulations de Metz et de Sedan. Pour réparer l'outrage fait à l'honneur du pays, c'était moins au nombre des combattants qu'à l'esprit de patriotisme, à l'amour-propre national qu'il fallait adresser un appel suprême. Le Gouvernement de la Défense nationale, en se constituant, fut avant tout, quoi qu'on en ait dit, l'expression d'une généreuse tentative dans ce sens. Les corps armés qu'on organisa ne péchèrent pas par le défaut du nombre. Mais si le nombre est quelque chose, s'il est beaucoup même pour décider du sort des batailles, il n'est rien ou à peu près quand les individualités prises en masse n'ont pas le feu sacré de l'esprit national, du patriotisme. A ces heures suprême où se jouaient les destinées de notre pays, les générations grandies sous le régime de l'Empire et façonnées aux mauvaises tendances de ce régime, marchaient à l'ennemi bien plus sous la pression de la nécessité diciplinaire que sous l'action de l'enthousiasme national. La foi politique, éteinte depuis longtemps, ne se ranima pas plus que la foi religieuse disparue. Les mœurs relâchées ne se relevèrent pas, les caractères ne sortirent pas de leur effacement.

Et l'on remarqua ces faits significatifs :

C'est que du cerveau de tant d'hommes chargés de concourir à la défense nationale, à l'honneur traditionnel de la France, il n'avait pas jailli un seul éclair de génie militaire, il n'était pas sorti une seule de ces résolutions héroïques qui changent la face des choses, ramènent la fortune infidèle, et qui dans des hécatombes terribles, mais nécessaires, de glorieuses victimes, trouvent le salut et la délivrance de la patrie;

C'est que la majorité des corps expéditionnaires, à part les sérieuses résistances de Paris, Strasbourg, Châteaudun, Belfort, etc., avait hâte d'en finir avec la lutte, même au prix de la défaite honteuse;

C'est que la population en général, urbaine et rurale, appelait de ses vœux cette fin désastreuse pour vaquer plus tôt et plus librement à ses affaires d'intérêt. — La patrie n'a pas de compte ouvert au grand-livre de gens pour lesquels toute la morale consiste à acquérir, toute l'activité à chercher des occasions de gain, toute la science à imaginer les moyens d'en profiter promptement, tout l'esprit à en user, abuser et mésuser jusqu'aux extrêmes limites qui frisent la police correctionnelle et la cour d'assises.

A toutes les grandes époques critiques de notre histoire, il s'était levé des hommes qui,

6

à un titre ou à un autre, devenaient les sauveurs providentiels de notre pays, et, quand les hommes faisaient défaut, c'étaient des femmes comme Geneviève, Jeanne d'Arc, Jeanne Hachette, qui se donnaient et remplissaient ce glorieux rôle. C'est qu'à ces diverses époques, régnait la foi politique ou la foi religieuse. On aimait son pays comme on ne l'aime plus aujourd'hui, et l'esprit national engendrait l'héroïsme et le dévouement ; ou bien on était fortement attaché aux croyances religieuses de son berceau et l'on savait sacrifier sa vie et ses biens au triomphe de ces croyances. La France n'était point encore un champ de foire où l'activité du trafic en toutes choses, en places et fonctions comme en marchandises, étouffe toute velléité généreuse, tout esprit de sacrifice, toute inspiration de dévouement désintéressé. La France n'avait point encore fait de la science économique, dont je ne méconnais pourtant pas l'importance matérielle, mais simplement matérielle, l'unique science de la vie humaine, comme si l'âme, l'esprit, ne jouaient pas leur grand et indispensable rôle dans les phénomènes de notre existence.

Fait unique dans nos annales ! Désolant pronostic de l'avenir vers lequel nous tendons ! la guerre de 1870-71 a été absolument stérile à tous les points de vue. Cette guerre n'a produit chez nous aucune personnalité saillante, aucun caractère fortement trempé, dans l'acception rigoureuse du mot. Toutes nos conceptions du moment pour la lutte ont hautement témoigné du déplorable état des esprits en France. Le trouble était partout, au fond comme à la surface. Toutes nos tentatives de résistance ont porté le cachet d'imprévoyance, de frivolité et d'outrecuidance du règne évanoui. Toutes nos résolutions ont échoué, parce qu'elles manquaient de ce qui seul les rend inébranlables, la foi politique, le patriotisme. En un mot, pendant le cours de cette guerre fatale, notre décadence morale, à l'exception de quelques faits éclatants, qui la font ressortir plutôt qu'ils ne la dissimulent, s'est révélé dans les plus navrantes manifestations.

Et pour ne citer à l'appui qu'un seul fait entre cent autres non moins douloureux, fait renouvelé maintes fois sur des points différents, les plus impitoyables maraudeurs, les dévastateurs les plus forcenés des champs, des habitations et des mobiliers que leurs propriétaires avaient provisoirement abandonnés pour se soustraire par la fuite aux approches de l'ennemi, n'ont point été des Allemands mais bien des Français, simples civils. mobiles enrégimentés, corps francs et volontaires défenseurs. Nos concitoyens fuyant devant l'invasion, n'avaient pas présumé que leurs foyers déserts seraient mis à sac et pillage précisément par des compatriotes à qui incombaient, à titre de devoir, le respect et la protection des propriétés de leurs nationaux. L'idée de patrie qui embrasse l'ensemble des biens moraux et matériels des familles d'une même race, était absente du cerveau de ces prétendus défenseurs pour lesquels il n'y eut de sacré que la conservation de leurs individualités respectives, individualités d'autant plus pernicieuses qu'elles étaient inconscientes et d'autant plus couardes qu'elles étaient plus égoïstes et plus personnelles.

Cette conduite et ces actes, bien qu'isolés du cadre des événements, n'en portent pas moins leur enseignement. L'observateur sérieux y constate d'une manière précise le niveau moral de ce triste temps, et détermine avec la même certitude le degré de dépravation des mœurs et d'avilissement des caractères où l'on était tombé.

A part les quelques épisodes glorieux que nous avons signalés plus haut, toute la guerre de 1870 est là. L'issue fatale de cette guerre a été la conséquence forcée de notre situation morale, conséquence qui devait presque aussitôt en engendrer une autre non moins fatale que logique, la Commune.

La Commune.

La Commune du 18 mars 1871, cette révolte de la République contre elle-même, a été et restera dans l'histoire comme l'expression violente du trouble général des esprits, de la confusion des idées, de la léthargie des consciences et du désordre des convoitises de tous genres à cette époque. Je la compare à ces grandes perturbations atmosphériques qui sèment les désastres dans les régions où elles se produisent, et qui témoignent de la lutte acharnée d'action et de réaction, d'affinités et de répulsion engagée entre les corps ou éléments répandus dans l'espace comme à la surface du globe.

Je n'ai point à faire ici l'histoire de la Commune; ma tâche n'est pas d'instruire son procès. A mon avis, cet interrègne politique ne sera bien jugé que par la postérité. Seulement, comme témoin des agissements de la Commune, j'ai déjà constaté et je tiens à constater de nouveau dans ces ligues, que l'élément *étranger*, bien plus que l'élément français, a joué un rôle des plus actifs et des plus funestes dans la prise de possession et l'exercice du pouvoir singulier qu'elle s'était arrogé. Les instigateurs les plus ardents de cette tourmente politique ont été des individualités nomades qui nous étaient venues d'Allemagne, de Hongrie, de Pologne, d'Italie, et à qui la terre hospitalière de France avait imprudemment offert un asile. Ces nomades, pour la plupart aventuriers, perdus de dettes, de mœurs et de réputation, n'avaient pas à sauvegarder sur notre territoire, l'honneur et la considération dont ils avaient déjà fait litière dans leur propre patrie.

Aussi, comme ils n'avaient aucun intérêt soit moral, soit matériel, à conserver dans notre pays ce qu'ils avaient délaissé dans le leur, et qu'ils étaient aidés à la besogne par des scélérats de toutes les classes et de toutes les catégories, ils rivalisèrent d'entrain, pour profiter de la situation malheureuse où nous avait réduits la guerre, comme les voleurs qui font de l'incendie une occasion de réaliser un bon coup au préjudice des incendiés.

Quant à la foule, cette armée dite *fédérée*, ce troupeau de *moutons de Panurge*, qui suit quand même le chef de file que le hasard met à sa tête, qu'il y ait au bout de la voie grasse prairie ou précipice dangereux, elle marchait, par crainte de fusillade ou moyennant la prime de la misère (un salaire quotidien de trente sols), et elle marcha si bien harnachée, si bien équipée, si bien ceinturonnée, si bien bottée, si bien *liquéfiée* (pardon de l'expression), qu'elle ne s'aperçut que le 23 mai 1871 que les nomades, dont ils avaient accepté la conduite, les avaient entraînés en masse dans une mare de sang et de boue.

Mais les sacripants étrangers de la bohème politique ont, par nature, le pied aussi leste que la conscience, et, d'un bond d'acrobate émérite, ils avaient su, à l'heure du danger, dépasser et fuir en sécurité la mare fatale où les *moutons de Panurge* ont été ramassés, comme on le sait, grouillants, dégrisés et dessillés.

C'est là tout ce que dirai de la Commune, et je finis à son sujet par ces mots : Impitoyable justice contre les bandits étrangers qui sont venus dans nos foyers exploiter nos désastres et nos misères ! Indulgence et oubli aux égarés de la mère-patrie ! Jésus, notre maître à tous en grand et sublime enseignement, a pardonné à ses bourreaux du haut de la croix, et sa miséricorde a changé la face du monde. Imitons-le, et, sur cette terre où nous ne faisons que passer, évitons de pressentir l'inexorable et suprême justice de Dieu, ce mystère dont notre humanité bornée n'aura jamais la clef.

Le Régime politique actuel.

Le 18 mars 1871, au moment où la Commune, descendant des hauteurs de Montmartre, prenait possession de Paris, la France était représentée à Versailles par une Assemblée nationale, issue de ses délibérations et de ses votes. Le Pouvoir exécutif du gouvernement auquel cette Assemblée souveraine avait temporairement délégué la gestion des affaires publiques, était donc seul, à ce titre et jusqu'à révocation, l'autorité compétente et incontestable du moment.

Eût-elle été régulièrement instituée par les votes libres de la population parisienne, la Commune ne pouvait représenter rien de plus que la volonté d'une grande cité, de Paris, c'est-à-dire une minorité de un vingtième du chiffre total des électeurs, qui ne devait et ne pouvait prétendre s'imposer à l'écrasante majorité des dix-neuf autres vingtièmes de la population française.

En d'autres temps moins troublés que le nôtre, la Commune eût péri de consomption dans son germe. Se fût-elle développée sous l'action fébrile des intéressés que l'inertie des indifférents encourageait, elle n'eût pas tardé néanmoins à provoquer un immense éclat de rire qui l'eût fait rentrer dans les bas-fonds.

Et il faut bien en convenir, c'eût été justice envers la Commune rouge de 1871, comme il en serait de même, si une Commune blanche ou verte surgissait en ce moment à l'encontre du régime actuel et de la Constitution, quoique *révisable*, qui l'établit.

Mais il y avait alors éclipse totale de foi politique et de foi religieuse ; et cette éclipse, bien qu'on ait tout essayé depuis pour la dissiper, est devenue aujourd'hui plus épaisse et plus profonde que jamais.

Une éclatante preuve de ce fait, c'est le pénible travail d'enfantement du régime inauguré le 25 février 1875 à *une* voix de majorité ; c'est l'étrange produit que nous a donné la laborieuse délivrance ; c'est la défiance à peu près générale, justifiée ou non, qu'inspire le nouveau-né ; c'est le discrédit, fondé ou non, qui accueille ses premiers vagissements.

« Au pied du mur, dit un vieux proverbe « populaire, on reconnaît le maçon. » — « Vous « les connaîtrez à leurs fruits » avait dit l'Évangile avant ce proverbe, *Ex fructibus eorum cognoscetis eos.* Une œuvre, quelle qu'elle soit, politique, littéraire, artistique, industrielle, donne la mesure de la valeur et des aptitudes de son auteur.

Eh bien, jamais Constitution passée n'a manifesté dans son texte et dans son esprit un défaut plus absolu de foi politique. Méconnaître cette manifestation, c'est tout simplement nier l'évidence.

Et que signifie le défaut absolu de foi politique qui la caractérise, sinon que l'œuvre se ressent de l'état d'esprit et de cœur de ses auteurs, qu'elle reflète leurs hésitations, leurs craintes, leurs ressentiments, leurs souvenirs, leurs regrets, leurs défaillances, leur découragement, leurs dégoûts même et jusqu'à la secrète espérance que l'échaffaudage si péniblement dressé par eux s'affaissera sur sa base et disparaîtra comme un monticule de sable devant l'inondation.

C'est là CE QUI EST, n'en déplaise à toutes les polémiques engagées *pour* ou *contre* dans la presse à ce sujet, et dont un journaliste de vieille date comme moi connaît toutes les ficelles de fantaisie, d'intérêt ou de commande.

Si la nature et l'objet de mon livre ne me faisaient pas une impérieuse nécessité d'apprécier, quoique avec une extrême réserve, notre régime politique, et de passer ensuite au crible notre situation présente, comme je m'acquitterai plus loin de cette tâche, je passerais indifférent à côté de l'édifice sans y jeter même un regard distrait et passager. Mais je ne puis atteindre au but comme au terme de mon travail sans me frayer un chemin à travers les lézardes de l'édifice en question. Le devoir qui m'incombe ainsi de désigner consciencieusement à mes lecteurs les passages que je leur fais prendre à ma suite, implique à mes yeux le droit absolu d'en scruter et signaler les périls.

C'est donc ce droit, absolu pour tout homme libre, que je vais exercer maintenant en observateur, en critique et sans aucun parti pris d'adulation ni de détraction.

La vérité dégagée du fait, et rien de plus.

Afin de préciser la bonne foi avec laquelle je crois que ce droit de critique m'appartient, comme il appartient également à tous les électeurs inscrits sur les rôles du suffrage universel, je commence par cette courte exposition de mes principes en matière de constitutions politiques comme en matière de lois en général, principes que je crois professés par tous les penseurs indépendants, par les esprits éclairés, sincères et libres de toute attache, soit d'école, soit de

secte, soit de coterie, soit d'éducation première.

Un vieil adage du Palais dit : « *Dura lex,
sed lex* » (La loi est sévère, mais c'est la loi).
Je n'accepte l'adage qu'à la condition d'en
pouvoir transposer les termes, s'il me convient,
et je dis en conséquence : « *Lex, sed dura lex,*»
transposition qui exprime le droit que je crois
avoir de qualifier la loi de mauvaise, si elle me
paraît telle, et de le démontrer, tout en m'in-
clinant devant la nécessité sociale d'en observer les prescriptions, et tout en les observant
personnellement, jusqu'à leur abrogation.

Mais est-ce à dire que ma soumission à une
loi quelconque, ma fidélité à l'observer, soient
un témoignage du *respect* que je porte à cette
loi? Non, assurément non.

Prenons les termes dans leur valeur propre
et dans leur signification vraie.

Le *respect* exclut toute critique, tout discussion. Où commencent la critique et la discussion, le respect cesse, disparaît, malgré toute

la réserve qu'on apporte à critiquer, à discuter. Le respect est exclusif; il n'admet ni tempérament, ni réserve, ni contrôle; il est ou il n'est pas.

Le *respect*, dans le sens vrai et philosophique attaché à ce mot, n'est dû qu'à Dieu, parce que Dieu seul est éternel, immuable et conséquemment indiscutable. On ne discute pas Dieu, on le nie ou on l'adore. On ne discute pas ce que les discussions et les volontés en bloc du monde entier ne peuvent atteindre. On ne discute que ce qui est soumis à notre portée, à notre contrôle, à notre volonté, à nos caprices, à nos passions, à nos intérêts. L'immuabilité et l'indiscutabilité ne sont pas du domaine humain. C'est absolument le contraire que nous avons en partage. Les constitutions politiques, et les lois civiles (comme du reste toutes les choses de ce monde) sont essentiellement discutables et critiquables, parce qu'elles sont, essentiellement aussi, temporaires et transitoires; et elles ne subissent tant de changements, tant de modifications, comme aussi elles ne sont si souvent abrogées que parce que l'examen critique dont elles sont constamment l'objet, joint à l'expérience acquise par l'application, en fait ressortir les vices, et la nécessité de conformer ces lois soit aux exigences sociales, soit à la marche des idées, soit au changement des mœurs, soit aux raisons politiques du moment.

Le point de départ de toute réforme, en organisation politique comme en législation, est l'examen critique qui provoque cette réforme, la discussion à laquelle elle donne lieu et la décision qui la met en application. La critique est par cela même de droit primordial, droit de nature que tout être humain peut exercer sur toutes les œuvres sans exception sorties de l'esprit ou des mains de l'homme.

L'esprit le plus inventif en arguments de controverse, le dialecticien le plus fécond en répliques et le plus serré dans son jeu, ne sauraient prétendre sérieusement qu'il puisse être imprudent, inopportun, illégal, de signaler les vices, les défauts, les imperfections d'une charte, d'une constitution, d'une loi en vigueur. Je défie même les plus habiles en la matière et notamment les politiciens à trempe particulière et à cerveau étroit qui, pour échapper à l'embarrassante argumentation d'un adversaire, invoquent à tout propos la *raison d'État*, de trouver, dans les arsenaux de leur économie politique de fantaisie, un seul motif de quelque valeur, un seul argument de quelque poids qui justifient leur prétention et leur allégation. Ce défi n'est de ma part ni un acte de vanité, ni une marque de confiance exagérée dans mes raisonnements; c'est tout simplement le défi du bon sens à l'adresse de ceux qui n'en possèdent qu'une dose ou qui n'en ont pas du tout. Il n'y a pas de raison d'intérêt social, il n'y a pas de raison d'ordre public qui puissent tenir devant l'énoncé des simples propositions qui suivent :

— Toute œuvre humaine, soit de l'esprit, soit des mains, est, *essentiellement*, plus ou moins imparfaite; par conséquent, toute œuvre humaine est, *essentiellement* aussi, perfectible.

On ne peut racheter les défauts d'une œuvre, en corriger les imperfections, qu'autant qu'on les connaît.

On ne peut les connaître, et conséquemment en apprécier l'importance, qu'après l'examen critique qu'on a fait de l'œuvre.

L'examen critique n'a pour objet principal que de les découvrir et conséquemment de les signaler dans l'appréciation qui s'ensuit.

Signaler les vices, défauts ou imperfections d'un œuvre, c'est appeler nécessairement l'attention publique sur les points défectueux et conséquemment ouvrir à ce sujet une discussion verbale ou écrite, qui ne prend fin qu'après avoir provoqué, souvent même imposé les remaniements, retouches, rectifications et corrections jugés nécessaires, et quelquefois aussi condamné l'œuvre absolument.

Le progrès ne se réalise donc, d'une génération à une autre, de l'âge passé à l'âge présent, dans nos créations et entreprises de toute nature, qu'à l'aide de la critique et de la discussion, qui, l'une et l'autre, ne sauraient se confiner, pour s'annihiler, dans les ténèbres et le mystère des quatre murs d'un cabinet de travail.

Conséquemment, interdire ou simplement limiter la critique et la discussion, c'est les priver de la publicité qui est à la fois leur raison d'être et leur fin, c'est fermer la voie au progrès, c'est entraver son essor, c'est tenter, mais vainement, d'arrêter le développement de l'esprit humain et de circonscrire le champ sans limite de la perfectibilité, c'est en un mot vouloir follement comprimer outre mesure la vapeur dans un récipient qui ne répond à la tentative insensée que par une explosion désastreuse pour les compresseurs.

D'où il suit que je suis dans la vérité, dans la nature des choses, dans le droit absolu en soumettant à mon examen critique et en discutant ouvertement les mérites ou les défectuosités d'une œuvre quelconque de l'homme, que cette œuvre soit un travail artistique, littéraire, scientifique, industriel, ou qu'elle soit un produit d'économie politique, comme une charte, une constitution ou une loi.

Voilà mes principes en cette matière, principes auxquels je ne faillirai jamais, parce que j'ai au même degré le sentiment du droit et le sentiment du devoir.

Je ne *respecte* donc pas une constitution, une loi, quelles qu'elles soient ; seulement, ainsi que je l'ai déjà dit, je me soumets à leurs prescriptions en honnête homme et je les observe en bon citoyen, mais sans aliéner jamais le droit absolu que j'ai de les étudier, de les discuter, de les critiquer, d'en provoquer la réforme ou l'abrogation, s'il me paraît utile qu'on les réalise dans l'intérêt général.

C'est pourquoi, fort de ce droit absolu, inaliénable, imprescriptible, dont l'exercice ne saurait en rien amoindrir le devoir, dont la pratique incombe à ma conscience, je vais dire ce que je pense de notre Constitution politique et du Régime actuel qui en est l'expression.

Comme on le pense bien, je n'ai esquissé à si grands traits et si rapidement apprécié le cours historique des cinquante dernières années, que parce que ce travail ne devait être que le préliminaire indispensable du chapitre principal de mon livre des *Prédictions*. Par la même raison, je vais être tout aussi rapide et bref dans mon examen critique du Régime inauguré le 25 février 1875. Il y aurait trop à dire, en effet, il y aurait un trop gros livre à faire, s'il fallait relever tous les gros péchés et tous les péchés mignons qui font de l'œuvre une marqueterie sans pareille, une mosaïque sans pendant par l'infinie variété des cubes, un vrai gobelin du vieux temps par le contraste des nuances et la richesse des couleurs. Une vue d'ensemble et tout au plus un coup d'œil direct sur un point déterminé, c'est tout ce que me permettent à la fois et les exigences de mon plan de travail et la réserve que je me suis imposée par devoir dès le début.

Qu'est-ce donc que le Régime politique dont la primeur était réservée par le Destin aux appétits ou aux répugnances de l'époque présente, époque d'autant plus incolore qu'elle est multicolore en raison de cette loi physique que les sept couleurs du prisme, en se fondant ensemble, nous donnent le jour blanc-mat qui nous éclaire ?

Est-ce la République vraie, la République rêvée et tentée par nos pères de la fin du dernier siècle et par les républicains militants de 1848 ?

Est-ce la monarchie élective comme on la pratiquait dans les premiers âges de notre histoire ?

Est-ce la monarchie absolue comme au temps du roi Louis XIV ?

Est-ce la monarchie appelé constitutionnelle parce qu'elle relevait d'une pancarte politique et qu'elle se dédoublait en deux Chambres, dites parlementaires, également habiles à disparaître sans tambour ni trompette au premier coup du tocsin populaire?

Ce que nous avons la fatalité de posséder *à temps*, puisque notre Constitution est expressément *révisable* aussi bien dans son ensemble que dans l'une ou l'autre de ses parties, c'est à la fois tout cela et rien de tout cela!

Le grand et seul mérite de notre Constitution politique, après celui qu'elle s'est donné de ne satisfaire aucun parti politique, est de s'être déclarée temporaire, transitoire, et de s'être dépouillée tout de suite de la prétention au *définitif* et au *perpétuel* que ses aînées s'étaient si follement attribuée. A ce titre seul, elle aurait droit à ma déférence, et je lui témoignerais obéissance et soumission, si avant tout ma conscience de bon citoyen ne me faisait un devoir de me conformer à ses prescriptions pendant tout le temps de leur *durée provisoire*.

Le régime actuel, qui a pris nom *République* et ne repose que sur les assises mouvantes d'une constitution *révisable* votée à *une* seule voix de majorité, est soumis à tout l'imprévu, à toutes les éventualités que la clause formelle de *révision* réserve à cette constitution.

La porte n'est pas seulement entre-bâillée, elle est grande ouverte à toutes les compétitions de partis, à toutes les irruptions de drapeaux; et l'échéance la plus éloignée que la perspicacité politique en cours puisse leur assigner, est celle de l'expiration du Pouvoir Exécutif actuel.

Aussi, je le demande, peut-on de bonne foi se dire rassuré, quand on sait pertinemment que la mince ficelle qui tient l'épée de Damoclès en suspens sur nos têtes, doit fatalement se rompre à une heure précise et déterminée?

Qu'on ne vienne pas prétendre que la *Révision* ne peut et ne doit se faire que dans le sens républicain. Cette prétention est tout simplement une utopie ou un sophisme de rhéteur inconscient. La clause de la révision dans son texte se garde bien de l'indiquer. Cette clause ne détermine aucun objectif, elle est générale et laisse toute liberté de choix et d'action aux hommes politiques qui voudront en exciper. Et du reste, si l'on devait s'en référer, pour l'interprétation, à l'esprit de ceux-là même qui par leurs votes n'ont concouru à former cette piètre majorité de *une* voix que pour en finir avec la situation inextricable où l'on se trouvait, il est constant que la plupart d'entre eux n'ont voulu ainsi qu'ajourner la solution d'une question décisive, que les diffi-cultés du moment ne leur permettaient pas de trancher.

Les constitutions politiques antérieures com-portaient, toutes, la prétention à une durée illimitée. Cette prétention sans doute n'avait d'autre fondement que l'espérance, mais elle était pour le pays un gage de confiance, un encouragement à développer sous cette impres-sion l'activité nationale. Elle était surtout le témoignage d'une certaine dose de foi politique qui, mettant la patrie avant tout, s'intéressait bien plus à sa prospérité vraie qu'au flottage d'un pavillon de parade ou au déploiement d'une enseigne de circonstance.

Notre Constitution, à nous, n'est autre chose qu'une aggrégation violente et forcée de corps hostiles qu'un coup de vent a rapprochés pour un instant et qu'un autre coup de vent pourra détacher les uns des autres d'autant plus facilement que les affinités de quelques-uns le cèderont nécessairement aux répulsions du plus grand nombre.

Si nous avions eu la foi politique vraie, qui n'est pour moi que l'amour du pays, c'est-à-dire le patriotisme, au lieu de nous attacher à tel ou tel drapeau, nous nous serions contentés d'installer pour un temps comme une sorte de *trève de Dieu* du moyen âge, pendant la durée de laquelle les esprits se seraient calmés, rapprochés, concentrés, entendus, et, à l'heure dite, auraient, par le suffrage universel direct, manifesté leur préférence pour une organisation politique sérieuse et durable. L'intérêt général du pays eût dominé toutes les tentatives des partis à se supplanter les uns les autres, et de ces grandes assises se serait élevé un régime politique à la faveur duquel la France aurait repris avec énergie le cours interrompu de ses destinées.

Une grande faute du parti républicain (et je ne suis pas suspect en pareille matière ; je défie même les membres de ce parti le plus en notoriété, le plus en évidence, en un mot les plus accrédités à tort ou à raison par les circonstances, d'avoir écrit, agi, avec plus de foi, de désintéressement, d'effacement et moins de vues ambitieuses que moi), la grande faute du parti républicain de notre temps, je le répète, a été de négliger l'initiative qui lui incombait d'en appeler au suffrage universel direct, pour le choix définitif, *et sans révision*, du régime politique à asseoir pour le présent et pour l'avenir. Le parti républicain, je le déplore, a douté et redouté, et il a eu grand tort. Le doute manifestait le degré assez bas de sa foi politique ; la crainte de l'insuccès exprimait son peu de confiance dans les sentiments et les volontés du pays.

Mais alors, dirai-je aux républicains de la dernière Assemblée, voter la Constitution du 25 février 1875 avant d'en avoir référé à vos mandants, et d'avoir obtenu leur assentiment préalable, c'était outre-passer le mandat électoral de 1871 que vos ardentes protestations pendant quatre ans avaient expressément limité à l'œuvre du traité de paix et au rétablissement de l'assiette *normale*, c'est-à-dire matérielle et morale mais non politique du pays. Je défie les plus retors des républicains, eussent-ils par leur naissance du sang de Machiavel dans les veines, de justifier leur volte-face par des arguments sérieux, de sortir de l'impasse qu'ils se sont eux-mêmes ménagée, sans laisser en route une bonne partie des dépouilles de sophistes et de rhéteurs dont ils se seraient affublés. Et je pourrais au besoin, pour les dénuder complétement, les harponner avec les propres arguments qu'ils ont tant de fois fait valoir pour dénier à la dernière Assemblée nationale le droit de *constituer*, au temps du pouvoir exécutif de M. Thiers.

Il est donc bien vrai, ce qu'on appelle la science de la politique, c'est l'art de *tomber* son adversaire, comme on dit dans l'argot de la boxe ; c'est l'art de tromper habilement non moins que perfidement, et surtout de réussir *per fas et nefas.* C'est chose entendue ; donc, à bon entendeur du peuple souverain mais toujours badaud et dupe, salut ! Et que cette réflexion d'un impitoyable ami lui dessille les yeux !

Mais revenons au fait.

Si la gauche républicaine, plus soucieuse de l'avenir que du présent, eût pris l'initiative de la référence à la nation à laquelle eût concouru, sans doute pour une autre fin, le parti de l'*Appel au peuple*, il y aurait eu cent à parier contre vingt que le régime républicain eût été adopté par le suffrage universel direct. En ce cas, la Constitution était prête d'avance, celle de 1848, sauf les modifications nécessitées par la marche des idées et des choses depuis vingt-cinq ans ; et l'on n'aurait pas eu à proposer, discuter et voter cette clause fatale de *révision*, qui fait de la Constitution une organisation politique essentiellement transitoire, malgré toutes les assertions contraires, et qui livre la question de vie ou de mort du régime actuel à la discrétion de la *seule voix de majorité* qui lui a donné naissance et lui a permis de s'épanouir *temporairement*.

Et savez-vous pourquoi il en eût été ainsi? *Parce qu'il n'aurait pas pu en être autrement;* parce que, l'histoire de tous les peuples en main, peuples anciens et peuples modernes, le vote favorable des masses populaires est acquis instinctivement, fatalement même, au régime politique *existant;* le contraire n'a jamais lieu qu'à la suite d'une révolution triomphante, et, conséquemment, de l'installation d'un nouveau régime, ce qui est absolument la même chose et corrobore encore mon observation. Ce fait,

du reste, est dans la nature des choses sociales. Le gros du public se range toujours invariablement du côté du plus habile, du plus
heureux, et surtout du plus fort, du dominant,
du gouvernant. La majorité du suffrage universel ne fait jamais défaut au régime en vigueur.
De même qu'on se conduit dans la vie civile
ordinaire, de même on agit dans la vie politique. Justifiée ou non, coupable ou non, cette
conduite du public est un fait, toujours renouvelé, de tous les temps et de tous les pays. On
eût lapidé Auguste avant son avénement; on
l'adora comme un dieu, une fois apostat et empereur. Qu'on se rappelle, en un mot, le Prince-
Président du 20 décembre 1848, et le même
homme prétendant Empereur le 2 décembre 1851. Où était le nombre après cette dernière date? Était-ce du côté de la République
ou du côté de l'Empire? Je ne fais que cette
question, et j'attends la réponse qu'on ne me
fera pas, et pour cause.

Cela prouve surabondamment ce que j'ai dit

plus haut, que le Régime du moment étant républicain en fait et pratique, la masse du suffrage universel l'eût maintenu, sinon par sympathie, mais simplement par répugnance du changement.

On me dira : Mais les élections du 20 février 1876 ont implicitement justifié, approuvé, sanctionné par leurs votes, la Constitution du 25 février 1875, en envoyant une majorité républicaine à la nouvelle Chambre; et, par conséquent, ces élections ont donné *quitus* à tous les compromis et accommodements antérieurs (qu'on me pardonne l'expression peu académique et purement commerciale de *quitus*, je ne l'ai employée ici avec intention que parce qu'elle m'a paru être l'expression propre à la circonstance). Eh bien, je proteste, au nom de la vérité vraie, contre cette assertion gratuite, contre cette interprétation arbitraire de la pensée électorale du 20 février 1876. Les élections n'ont pris en considération ni les compromis de ceux-ci ni les défaillances de

ceux-là ; la masse électorale a simplement témoigné une fois de plus sa répugnance invincible à tenter les aventures de l'inconnu, à
provoquer, même dans le sens de ses préférences, un changement quelconque de ce qui
est, de ce qui gouverne. Nous aurions eu
l'Empire, la Monarchie constitutionnelle où la
Royauté de droit divin à la place du Gouvernement Républicain, de fait, qui fonctionne, il
en eût été absolument de même. Je connais,
par la pratique, aussi bien que qui que ce soit,
la masse électorale des villes et des campa-
gnes, et je maintiens l'exactitude rigoureuse
de mon allégation. Je le répète, les élections
du 20 février 1876 ont simplement confirmé ce
que j'ai dit plus haut, à savoir que la majorité
du suffrage universel est invariablement acquise au gouvernement de fait, fonctionnant,
et *quel qu'il soit.* « *Un tiens* vaut mieux que
deux tu auras ; » ce proverbe, universellement
connu, a été et sera toujours sanctionné par la
conduite de la masse populaire, en politique

comme dans les affaires ordinaires de la vie sociale.

L'absolution donnée par un jury n'innocente pas un criminel avéré ; elle l'exempte seulement des peines édictées par la loi. Un crime avoué et reconnu ne se changera jamais en acte de vertu, quand bien même tous les jurys du monde se feraient alchimistes pour opérer cette transformation.

Ce qui revient à dire que les élections de février n'ont pas fait disparaître les vices inhérents à notre régime politique, qu'elles ont simplement maintenu les choses telles quelles, par les raisons que nous avons données plus haut, et sans souci du bien ou du mal qui peut en résulter.

Allons, finissons-en avec toutes les rhétoriques de fantaisie qui tendent vainement à faire prendre le change sur notre véritable situation politique. Et, comme il ne reste plus aux admirateurs trop intéressés comme aux détracteurs trop partiaux de ce qui est, que la

suprême ressource de me mettre en contradic-
tion avec moi-même et de se servir de mes
propres armes pour y parvenir, je vais la leur
enlever à l'instant en quelques mots.

J'ai dit plus haut que la majorité du suffrage
universel direct est invariablement acquise au
gouvernement de fait, fonctionnant, et quel qu'il
soit. Je le répète et maintiens. Les prétendants
malins qui, sur ce point, s'apprêtent déjà à me
combattre avec mes propres armes, ont compté
sans leur hôte, non moins malin qu'eux en cette
matière, et, sans tarder, je vais arrêter court
leur empressement à me surprendre en défaut.

Sait-on pourquoi le suffrage universel de 1871,
par une apparence de dérogation à sa règle invariable de conduite que j'ai exposée plus haut,
a envoyé une majorité hostile à ce qui s'était
intitulé et installé *Gouvernement de la Défense
nationale?* Parce que le suffrage universel avait
considéré l'*Exécutif* de ce temps-là comme un
Exécutif de rencontre, de circonstance, de passage. Le suffrage universel n'avait pas à sou-

tenir de son autorité cet intermède gouvernemental qui n'avait d'autre origine que la prise
de possession provisoire d'une place laissée va-
cante par les premiers occupants; et les membres de ce Pouvoir exécutif de transition avaient
si justement apprécié d'avance le rôle qu'ils
s'étaient attribué en commun, que, par déférence pour la volonté, non encore consultée,
du pays, ils s'étaient modestement dénommés
Gouvernement de la Défense nationale, lais-
sant ainsi la nation, par une réserve qui les
honore, maîtresse et libre de leur substituer
ultérieurement un Régime politique de son
choix, et, tout d'abord, une Assemblée nationale, chargée de la représenter souveraine-
ment à l'intérieur comme à l'extérieur.

Voilà le fait tel qu'il s'est produit, et si rigou-
reusement précisé qu'il dispense de toute es-
pèce d'interprétation arbitraire.

En résumé, la conduite tenue de part et
d'autre pour aboutir, par des voies différentes,
à une fin commune qui, bien loin de réaliser

les aspirations d'aucun des concurrents en lice, les laisse également meurtris, exténuées, ceux-ci avec leurs armes émoussées de restauration monarchique, ceux-là avec les feuillets lacérés ou maculés de la tradition républicaine, cette conduite des uns et des autres, disons-nous, caractérise notre triste temps par la mise en lumière du niveau de notre foi politique et du bas degré moral où nous sommes descendus. Cette foi sans laquelle on ne fonde rien de durable nous a fait complétement défaut. La versatilité des caractères s'est accusée d'une manière déplorable dans nos discussions et nos votes, et l'oblitération du sens moral nous a seule empêché d'en rougir de honte et de dépit. Du reste, la lice n'était ouverte qu'aux champions des partis en lutte, aux intrigues, aux manœuvres, aux stratagèmes des concurrents. La grande figure de la France était reléguée dans les couloirs de l'arène politique ; on n'avait que faire de l'y montrer au grand jour en habit de travail, de fête ou de deuil ; on lui réservait seulement, une fois la lutte terminée, la satisfaction d'adresser aux vainqueurs félicitation et salut.

La France n'a pas encore félicité, elle n'a pas non plus salué.

La sournoise! vont s'écrier les *malins* de tout-à-l'heure, nous réserverait-elle une surprise prochaine?

Peut-être.

Dans tous les cas, en attendant, elle se plie philosophiquement aux exigences de la Constitution *révisable* qu'on lui a octroyée, elle en observe les prescriptions en vigueur *temporaire*, et moi, je fais comme elle.

CHAPITRE III

TEMPS PRÉSENT. — SITUATION MORALE ET POLITIQUE.—LES CAUSES ET LES EFFETS.—L'AVENIR FATAL ET INÉVITABLE.

CHAPITRE III.

Temps présent. — Situation morale et politique. — Les causes et les effets. — L'avenir fatal et inévitable.

Je ne pourrais, sans élargir outre mesure le cadre de mon travail, tracer le tableau détaillé du temps présent et de notre situation morale et politique. Ce qu'il m'est possible de faire en restant dans les limites voulues, c'est de l'esquisser à grands traits par les points-les plus saisissants. Mais si rapide qu'en soit le coup de crayon, ce croquis ne laissera pas d'être d'une rigoureuse exactitude. Cela suffira, je l'espère, pour rétablir la vérité sur l'état présent de la France, vérité qu'il est d'autant plus difficile de dégager des assertions contradictoires de la presse, que les préoccupations sociales, le souci des affaires et les exigences de la vie matérielle ne permettent pas toujours de la distinguer au milieu des dissimulations intéressées dont elle est l'objet aujourd'hui plus que jamais.

En suivant le cours des diverses périodes historiques qui se sont succédées depuis cinquante ans jusqu'à nos jours, je crois avoir signalé le déclin graduel, et toujours plus prononcé d'une période à une autre, de la foi politique et de la foi religieuse dans notre pays. La conséquence fatale de ce déclin, devenu aujourd'hui une éclipse totale, se manifeste dans la *démoralisation* qui a gagné indistinctement toutes les couches sociales depuis les plus infimes jusqu'aux plus élevées.

Et sous cette dénomination générale de *démoralisation* je comprends tous les abaissements dont nous sommes à la fois les instruments et les victimes, tels que :

— L'indifférence profonde qui a remplacé le patriotisme en tout ce qui touche l'honneur et l'intérêt général de la France ;

— Le développement exagéré de l'individualisme qui a étouffé l'esprit de solidarité sous le culte exclusif du MOI ;

— La rivalité impitoyable pour le mal, qui a succédé à l'émulation généreuse pour le bien ;

— L'activité fébrile des médiocrités intrigantes et souvent malpropres qui décourage les efforts des plus honorables, des plus méritants et des plus vertueux ;

— Le honteux abandon de la tradition de famille pour l'appât trompeur et l'avantage éphémère du *particularisme* ;

— La rupture des liens de race, et, partant, des relations de société, sous la pression violente des appétits individuels ;

— Le relâchement général et la dissolution,

presque générale aussi, des mœurs privées et des mœurs publiques ;

— L'asservissement des caractères aux exigences toujours croissantes de la vie matérielle, dont la satisfaction devient de plus en plus coûteuse chaque jour et par suite nécessite les bassesses, pousse aux délits et prédispose aux crimes ;

— Le délaissement des jeunes générations, qui commence au berceau par l'allaitement étranger, se continue au sevrage par l'abandon à des mains mercenaires ou à des asiles, et finalement se complète par l'école, le collége, le lycée, la pension laïque et le couvent ; — La femme abonde, la mère devient rare, il faut la chercher pour la trouver ;

— La substitution presque absolue de l'instruction hâtive, et partant artificielle, avec laquelle on fait le plus souvent des sots, des pédants et des gredins, à l'éducation morale de famille qui produit presque toujours des gens de bien réels ou tout au moins des gens qui, s'ils ne sont pas gens de bien, au fond, tiennent essentiellement à le paraître, ce qui est encore d'un bon exemple et un encouragement à ceux qui le sont réellement comme à ceux qui hésitent à le devenir ;

— La propension de plus en plus marquée de toutes les classes sociales au lucre rapide et au gain facile, grand ou petit, licite ou illicite, sans autre souci du caractère *déliotueux* des bénéfices réalisés sur la bonne foi, l'inhabileté ou l'inexpérience d'autrui, que celui de tromper également la vigilance de notre législation criminelle ; — critérium infaillible de cette prétendue conscience qui ne relève que de la théorie malfaisante de la *morale indépendante ;*

— Les dispositions générales et de plus en plus désastreuses à jouer avec le Devoir comme on joue aux billes ou au bilboquet, — que ce devoir s'appelle respect aux auteurs de ses jours, déférence aux vieillards, bon exemple à l'enfance et à la jeunesse, obéissance digne des employés et des serviteurs, bienveillance équitable des supérieurs, des patrons et des maîtres, — que ce devoir s'appelle encore serments devant les tribunaux, observation des obligations réciproques du mariage, engagements contractés en affaires, — que ce devoir enfin s'appelle sacrifice à la Patrie, dévouement à ses semblables, sévérité pour soi, indulgence pour autrui, charité pour tous;

— La tendance de plus en plus accentuée à intervertir tous les rôles établis par les nécessités de la vie sociale, intervertissement duquel il résulte que personne ne croit plus être à sa vraie place dans celle qu'il occupe; — que chacun des neuf millions d'électeurs français se juge particulièrement apte à régenter à la fois notre pauvre France, le globe terrestre à l'avenant et l'univers par surcroît; — aberration des esprits et perturbation sociale poussées à tel point que le plus éminent homme d'Etat, le plus habile diplomate, l'écrivain le plus éclairé, le journaliste le plus expérimenté, sont hachés menu comme chair à pâté sous la pitoyable

censure du premier goujat venu ; — aberration
des esprits et perturbation sociale poussées à
tel point que le savetier du coin, discourant à
la fois sur le cuir et sur la politique, considère-
rait comme une injure sanglante les mots
suivants adressés par le peintre grec Apelle à
un homme du métier dont il avait demandé
l'avis au sujet d'un brodequin représenté dans
un de ses tableaux, et qui, enhardi par le succès
de sa première observation, se disposait à critiquer le reste de l'œuvre : « *Savetier, tenons-*
« *nous-en à la savate* » ; — aberration des esprits
et perturbation sociale poussées à tel point
que la fille de l'échoppe ou de la loge de portier,
élevée par un libertin généreux ou un aphro-
disiaque émérite au rang de *demoiselle à huit-
ressorts*, toise d'un œil dédaigneux sur son
chemin l'honnête mère de famille aussi bien
que la femme de qualité, et pour un peu plus
les gourmanderait l'une et l'autre en ces termes : « Vous, mère de famille qui croyez aimer
« vos enfants, vous n'êtes point à la hauteur de

« ma mère, à moi ! ma mère qui, avec une vertu
« particulière, vide sans sourciller les cuvettes
« que j'abandonne à ses soins. Et vous, femme
« du grand monde, toute duchesse, marquise
« ou comtesse que vous puissiez être, vos toi-
« lettes payées par une caisse unique, la caisse
« de votre mari, ne sauraient lutter longtemps
« avec les miennes que me renouvelle sans
« cesse la collection de plusieurs caisses qui
« s'ignorent ou rivalisent de bonne amitié. Et
« puis, l'une et l'autre, vous n'avez pas la
« moindre idée de la distinction contemporaine.
« Voyez mes jupes ! Voyez-en la queue, en roue
« d'éventail, avec laquelle je balaye proprement
« les ordures que vous avez laissées sur votre
« passage ! Voilà de la propreté aristocratique,
« comme ne l'ont jamais pratiquée les tuniques
« des hétaïres de la Grèce antique ! Voilà de la
« distinction interlope comme ne l'ont jamais
« rêvée les Agnès Sorel, les Diane de Poitiers,
« les La Vallière et même les Pompadour ! Aussi
« la distinction c'est moi ! J'ai dû être changée

« en nourrice et je dois indubitablement des-
« cendre par une côte des Xintrailles ou des
« Montmorency, si toute fois je ne viens pas
« en ligne collatérale d'Alexis Comnène, empe-
« reur d'Orient ou en ligne directe du sultan
« Omar ! Et vous, l'une et l'autre, vous n'êtes
« évidemment que de simples roturières par-
« venues d'aventure... Fi ! ». — Et la belle
aux quatre-vingt-dix-neuf quartiers de no-
blesse et de chaussure, monte aujourd'hui,
comme on sait, dans un *huit-ressorts* qui
l'emporte au Bois avec son cortége de cais-
siers émus, et qui demain la traînera péniblement à l'hospice ou à la morgue ; — aberration
des esprits et perturbation sociale poussées à
tel point que le plus grêle courtaud de boutique,
en démangeaison de langue, se rit du plus
habile industriel ; — que le plus épais garçon
de laboratoire pharmaceutique se rit du docteur
blanchi dans la science ; — que le plus chétif
brasseur de mortier se rit des architectes de la
trempe de Michel-Ange ; — que l'écrivailleur

public, dans l'échoppe où il trône, met sa plume et son style fort au-dessus de Racine, Buffon, Rousseau, Balzac et Lamartine ; — que l'épicier prétend posséder plus d'exactitude dans la pesée des denrées coloniales, que le marchand d'or dans celle des métaux précieux, ou le chimiste dans celle des corps ; — que l'œil oblique et prétentieux du marchand de navets, saisit mieux les influences de la lune qu'Arago n'en a jamais décrit les phases ; — que le charbonnier *fouchtra*, discourant à perte de vue chez le marchand de vin, sur les questions de son ressort, en revend bel et bien à tous les ingénieurs des mines réunis, etc., etc.

Ces quelques traits détachés du tableau général donnent déjà une idée assez nette de notre situation morale et politique. Que serait-ce donc, si je passais en revue les cent mille catégories d'arts, métiers, professions et fonctions diverses que je laisse à l'écart et qui fourniraient, chacune, un nouveau témoignage de l'aberration des esprits et de la perturbation

sociale dont nous pâtissons, en un mot, de la
démoralisation générale de notre pays? Mais
le défilé serait trop long, trop fastidieux, et,
pour arriver au plus vite au terme de mes dou-
loureuses explorations, je vais me borner à
jeter un dernier coup d'œil d'ensemble sur notre
état présent, à émettre ensuite quelques réflexions sur certains faits saillants relevés çà et
là, et finalement à dégager les effets des causes,
c'est-à-dire à déchirer un coin du voile derrière
lequel nous attend l'avenir.

Aujourd'hui (je parle en général), aujourd'hui
on ne croit pas du fond de son âme à l'avenir
politique de la France, à son relèvement, à son
illustration, à sa prépondérance, à sa grandeur.
On a bien autre chose à faire qu'à se préoccu-
per du lendemain de notre pays. C'est un souci
qui revient de droit à quelques âmes généreuses,
à quelques esprits d'élite, et on le leur abandonne sans réserve. Les neuf cent quatre-vingt-
dix-neuf millièmes de notre population se con-
tentent de faire des affaires ou d'imaginer de

nouveaux sujets de plaisirs ; on cultive, on invente, on fabrique, on commerce, on trafique, on agiote, on patine à roulettes, on festine et surtout on politique, on politique.

Ce n'est plus, comme autrefois, dans l'intérêt d'un parti, d'un drapeau, qu'on parle, discute, agit et combat, c'est dans l'intérêt du MOI exclusivement, de ce MOI à qui il faut un poste, une place, une fonction, mais un poste, une place, une fonction essentiellement salariés... Foin des emplois honorifiques ! A plus forte raison, ce n'est pas dans l'intérêt de la France, cet être collectif qui a nom PATRIE, qu'on s'honorait dans le passé de servir par dévouement, jusqu'à mourir pour sa gloire, et à qui on ne sacrifierait pas aujourd'hui un cheveu, si ce cheveu ne devait en perspective rapporter quelque chose, ne fût-ce qu'une réforme dont on espère profiter en partie soi-même *matériellement*, tout l'évangile politique du jour se réduisant à cette devise universellement pratiquée : « *Ote-toi de là, que je m'y mette !* »

Un fait qui prouve que le sentiment patriotique n'existe plus en France, est celui-ci : Qui parle et qui s'occupe de nos deux provinces perdues, l'Alsace et la Lorraine ? Je comprends que par de sérieuses raisons politiques, on soit circonspect et réservé dans les journaux à ce sujet ; mais verbalement dans les conversations particulières, mais dans les cercles privés, mais dans la vie sociale... je ne le comprends pas. Oubli, indifférence ou égoïsme, cette conduite de notre part m'autorise à dire : que si demain on nous enlevait la Champagne, la Franche-Comté et la Bourgogne, les regions restées intactes de notre France, en moins d'un an, ne s'inquièteraient pas davantage de cette nouvelle amputation faite à l'unité de la mère-patrie. Et peu à peu, si l'envie, secondée par le succès, venait à la Prusse de nous réduire à l'ancien royaume de Bourges, de Charles VII, ce-dernier lopin du territoire, qu'aurait respecté l'ennemi, arriverait bientôt à son tour à ne plus se souvenir même de toutes les autres provinces perdues... Infamie !

Malheureuses populations de l'Alsace et de la Lorraine, qui m'êtes si sympathiques par votre patriotisme et votre confiance en la France qui la mérite si peu ! Venez voir comment on prélude à votre délivrance dans ce Paris où l'on raffole aujourd'hui de *Skating*, au milieu de cette foule d'acrobates, de pantins et de braillards de tous les pays du monde. On vous dira que la vogue du patinage à roulettes n'aggrave pas la douleur de votre annexion et qu'elle est une impulsion donnée au commerce dont on aura besoin pour vous racheter un jour. Étrange impulsion commerciale que celle qui débute par un jeu de vitesse de tibias mâles et femelles ! C'est à faire pressentir l'activité de fuyards qu'on déploierait devant une nouvelle invasion.

Bien que j'éprouve un douleureux serrement de cœur à juger si sévèrement les tendances de mon malheureux et cher pays, je suis bien forcé de me rendre à l'évidence et de constater, avec tous les vrais patriotes, que notre société présente n'a pas une règle fixe de conduite. Poursuit-elle au moins un but déterminé? non plus. Elle va à l'aventure, vivant du présent au jour le jour et comme avec un secret instinct que le lendemain ne lui appartient pas, parce-qu'elle n'a plus la conscience de se redresser au lieu de s'abandonner à l'inconnu du jour qui qui doit se lever.

La nation française, en perdant la foi politique et la foi religieuse, a perdu en même temps la boussole qui la guidait dans sa marche vers l'avenir. Privée de cette double lumière, elle erre en tâtonnant dans les ténèbres à la recherche du fil conducteur qui ramènera ses pas égarés dans la véritable voie de ses destinées. Parviendra-t-elle enfin à le saisir, ce fil conducteur qui lui échappe et dont la privation, en causant le désordre dans ses idées et dans sa conduite, a du même coup énervé les carac-tères, avili les âmes et dépravé les mœurs?

C'est le secret de l'avenir dont nous soulève-
rons bientôt un coin du voile qui le dérobe à
nos regards.

Du rapide coup d'œil que je viens de jeter
sur l'ensemble de notre situation présente, je
pourrais tout d'un trait et sans solution de continuité passer aux causes et aux effets de cette
situation.

Mais il ne me paraît pas hors de propos
d'interrompre un instant le cours régulier de
mon travail pour émettre ici sur divers faits
relevés çà et là entre mille autres d'une égale
importance, les réflexions suivantes qui, bien
que n'étant étroitement liées, ni à ce qui pré-
cède, ni à ce qui suivra plus loin, n'en con-
courront pas moins efficacement à l'édification
des lecteurs.

Voici ces réflexions détachées, dans l'ordre seulement où les faits se sont présentés à mon esprit :

* *

Les aspirations élevées de l'âme ne jouent plus qu'un rôle effacé et de dernier ordre dans notre conduite sociale. La race des penseurs tend à disparaître, la gent à mastication se multiplie ; aussi la tête qui pense fait place au ventre qui fonctionne, et la bouche de l'homme le disputera bientôt à la gueule de la bête. Il fut un temps peu éloigné de nous, où l'intelligence en France était maîtresse souveraine, où la pensée, dépassant les bornes du réel, se frayait un essor sans limites vers l'infini. Aujourd'hui, grâce à l'enseignement positiviste en vogue, le monde même imaginaire qui n'était pas assez vaste, est réduit aux étroites conditions du fonctionnement animal, départi aux espèces inférieures et qui se résume en trois actes portant ces noms : *ingestion, digestion, évacua-*

tion.... l'HOMME AUJOURD'HUI, C'EST LE VENTRE !

Voilà le beau produit que nous devons à ce qu'on appelle la *libre pensée au service de la propagande matérialiste;* — *libre pensée* qui croit affirmer son indépendance en quittant les espaces sans fin pour l'horizon exigu des bas-fonds de la matière; — *libre pensée* qui se targue encore de fierté et de dignité après avoir troqué le grand vol de l'aigle visant le soleil contre la roue du dindon qui gougloute sur le fumier; — *libre pensée* que les habiles savent très-bien être une bêtise crasse *quand elle est aux gages du matérialisme,* mais dont ils se servent comme d'un moyen prompt et sûr pour faire déchoir, dans l'intérêt de leurs vues ambitieuses, les générations nouvelles au niveau de la brute, de même que le chasseur d'alouettes se sert du miroir pour attirer les victimes à portée de son fusil, de même que le chimiste emploie des réactifs pour la dissolution des corps.

Malédiction ! Vous avez dépouillé l'homme

de son âme, vous n'avez laissé de lui que la bête qui s'assouvit, et encore la bête moins ses instincts toujours sûrs ; malédiction ! car en le dépouillant ainsi, vous lui avez ravi du même coup ses aptitudes aux grandes choses. Aussi, dites-le-moi, que fait-il aujourd'hui ce peuple libre-penseur de France ? Qu'a-t-il fait hier ? Que fera-t-il demain ?

*
* *

La secte de ces *citoyens* qui, la plupart, ne s'affublent si fièrement de la qualification de *Libres penseurs* que parce qu'ils sont trop souvent libres de ne rien penser du tout ou de penser à mal, agit comme un dissolvant sur l'esprit national, les mœurs et les caractères. Leur propagande dans les masses populaires est une irréparable calamité pour notre pays. Aussi, comme mon patriotisme en souffre cruellement, je ne saurais taire ici ce que je pense de ceux qui se livrent à cette besogne fatale, et je le dis.

Le libre penseur affiché matérialiste m'est répulsif au suprême degré, non sans doute par sa dépouille matérielle d'être humain, car sa pourriture vaudra la mienne à six pieds sous terre, à quelques degrés près de malpropreté ; mais je me gare de son contact moral sur la terre des vivants comme on se gare de la teigne, de la punaise, du pou, de l'acarus, comme le vigneron se gare du phylloxera. Ce libre penseur matérialiste s'autorise sans mandat du nom d'un savant que je vénère comme tel, parce qu'il s'est toujours borné, dans les questions brûlantes sur Dieu et l'immortalité de l'âme, à confesser simplement l'*inanité* de ses *investigations scientifiques* sur ce point, rappelant ainsi les paroles du sage Socrate : « *J'ignore ce que je ne sais pas* », ou « *Tout ce que je sais c'est que je ne sais rien.* »

Et ce sont ces mêmes libres penseurs maté-rialistes qui prétendent, non pas l'arme au bras (je ne les crois pas braves à ce point), mais leur prétendu dogme dans le gousset, que la propagation de cette façon de doctrine nous rendra sans coup férir l'Alsace et la Lorraine ! Et ils attendent de leur influence dogmatique cette restitution mystérieuse, comme le magnétiseur observe l'effet du fluide sur le sujet de ses manipulations et de ses passes ; et, en attendant, ils disparaissent les uns et les autres successivement de la scène du monde réel, abandonnant à la logique fatale des choses et à la politique qui en est l'instrument actif, le soin de réaliser, autrement que par des conceptions vagues, telles ou telles réformes, modifications ou transformations que subissent, en des temps donnés tous les peuples du globe.

*
 * *

Dans les conditions où nous nous trouvons aujourd'hui, le suffrage universel, que la foi politique ou la foi religieuse n'éclairent plus, est le contraire absolument de ce qu'il devrait être. C'est une matière à manipulations entre les mains d'un praticien d'expérience. J'en sais quelque chose, et certains hommes politiques, fort en évidence à des heures données, ont été bien aises de l'apprendre de moi.

Si j'étais un farceur (pour me servir d'une expression familière à Proudhon), comme il y en a tant dans la politique du jour, j'ouvrirais un cours public en trois leçons et j'enseignerais aux plus ignorants, aux plus obtus de la masse des électeurs toute la science électorale.

Dans le chapitre 11, page 64 de ce livre, j'ai caractérisé le suffrage universel en ces termes : « Assises solides de l'avenir, si la « sincérité et la bonne foi doivent en avoir la « garde, ou vaste abîme de perdition nationale « si l'imposture y laisse glisser ce qui nous « reste de foi politique, de foi religieuse, de « mœurs et de caractère. » Le suffrage universel n'étant pas ce qu'il devrait être, ne peut-être que

ce qu'il est aujourd'hui, *une apparence trompeuse de la réalité vraie.*

*
* *

Toutes les candidatures à la représentation
nationale se valent, quels que soient leur point
de départ et le drapeau qu'elles exibent, quand
on les ramène au but poursuivi qui s'interprète
ainsi : « Occuper le poste convoité plus digne-
ment que le prédécesseur ou le concurrent. »

Cela étant, je n'agrée ou ne repousse les candidatures ouvrières pas plus systématiquement
que les autres candidatures. Seulement la
candidature ouvrière fait naître en moi certaines réflexions que je crois utile de consigner
ici.

La masse ouvrière est assez naïve, assez
ingénue pour se figurer que le camarade d'atelier ou le confrère d'un atelier quelconque,
élevé par le suffrage universel au poste de député, fera de meilleure besogne politique et so-

ciale que n'en sauraient faire un savant hors ligne, un écrivain illustre, un avocat célèbre, un économiste en renom, un publiciste distingué, un grand financier ou un grand industriel. La population ouvrière est assez sottement crédule pour croire que son *copain* dans le maniement de la lime, du rabot, de la truelle, de la navette, du ciseau ou du tire-pied, dès l'instant même de son élection, se trouve surnaturellement pénétré de l'Esprit-Saint politique et économique, ainsi qu'il advint dans le Cénacle, où les premiers apôtres du Christ furent illuminés de langues de feu. Erreur qui me ferait tristement sourire si elle ne me faisait profonde compassion !

Ce n'est point émettre un paradoxe que dire à cette laborieuse population ouvrière, pour la détromper, cette vérité d'expérimentation de tous les âges et de tous les temps : « *On n'est* « *jamais plus mal servi que par les siens.* » Cet honnête ouvrier que l'élection tire de l'atelier pour le hisser sur les bancs élevés d'une

Assemblée parlementaire, s'aperçoit tout aussitôt que le fait de son *hissement* à cette hauteur politique ne suffit pas pour résoudre les questions et problèmes que les grands philosophes, les grands législateurs, les grands hommes politiques étudient depuis tantôt trois mille ans sans en avoir encore trouvé la bonne clef.

La seule question que ce brave ouvrier, devenu député, puisse résoudre, à l'instar de beaucoup de ses collègues politiques, à lui tout seul et sûrement, en sa dite qualité professionnelle, est celle du MOI, c'est-à-dire du pot-au-feu personnel ; et il s'en acquitte à la satisfaction de sa famille et à la sienne propre. Je l'en félicite personnellement, en attendant que la Providence, si tant est qu'il y croie, ou le prétendu dogme de la Libre Pensée, si tant est également qu'il en comprenne le premier mot, se décident à lui fournir les engins nécessaires pour faire bouillir la marmite sociale à l'usage égalitaire des camarades de tous les pays du monde et de tous les types, sans en excepter

même les intéressants Cannibales de la Poly-
nésie, qui, le cas échéant et sans souci de la
fraternité, dépèceraient bien une côte de ce
même brave ouvrier-député pour la faire cuire
à point et naturellement la manger.

Les bonnes et simples gens croient qu'on re-
fait un monde avec cette facilité. Encore une
fois, la logique veut qu'on aille du simple au
composé et non dans le sens inverse. Avant de
vouloir refaire un milliard d'hommes, le plus
simple est de commencer d'abord par se refaire
soi-même. Hélas! pour ne citer ici que mon
humble individualité, voilà trente ans qu'avec
toute la bonne volonté possible je cherche à me
refaire moi-même, et je me retrouve aujour-
d'hui à peu près tel qu'il y a trente ans, avec
mes mêmes passions, un peu émoussées sans
doute par le temps et les désillusions, avec mes
mêmes rêves, perspectives, tendances, que
sais-je! Et ces bonnes gens de la masse populaire voudraient être prédestinés par leur qualité sociale d'ouvriers, faire exception à la règle

commune et invariable depuis six mille ans!
La confiance exagérée est vraiment une belle
chose!

*
* *

Une des nécessités du rouage électoral de
nos jours consiste à faire de l'excentricité, au
moins en théorie (ce qui ne coûte rien), sinon
en pratique (ce qui n'est pas toujours facile).
Or, l'excentricité la plus accentuée de ce
temps-ci se borne pour le moment à demander
la suppression immédiate du budget des cultes,
comme s'il était possible de résoudre une si
énorme question avec la même prestesse que
des bandits fusillent un otage derrière un
mur.

Eh bien, ce que je regarde comme une excentricité désopilante en la situation actuelle
de notre pauvre pays, c'est la suppression du
budget des cultes.

Je ne suis point abbé, citoyens, et je n'ai
jamais eu l'envie de le devenir. Je ne suis pas

davantage pasteur d'une église réformée quelconque et je n'ai jamais désiré évangéliser à la façon de Luther, de Calvin et de sa victime Servet. Je suis encore moins rabbin d'un consistoire israélite, car malgré ma vénération pour l'antique passé du peuple juif, duquel est sorti Jésus, je n'observe pas précisément la loi mosaïque. Je puis donc émettre un avis impartial et surtout désintéressé sur la question pendante, et le voici :

La proposition de suppression du budget des cultes ne s'appuie que sur cette unique considération : « Les athées et les sceptiques n'ont pas à payer le culte des croyants. » La seule réplique à faire aux promoteurs de la proposition est celle que je leur adresse à l'instant avec la certitude absolue qu'ils en auront la bouche close ou béante et la rage dans..... la poche : « Suppression immédiate du traitement
« des sénateurs et des députés, car, moi non plus,
« je n'ai pas à payer la carte de députés ou
« sénateurs qui sont mes adversaires politi-

« tiques. Je suis athée, au moins sceptique, en ce
« qui les concerne politiquement, comme d'au-
« tres le sont à l'égard des croyants religieux. »

La logique avant tout : Deux et deux font
quatre.

*
* *

Depuis 1789, et de nos jours encore plus
que par le passé, la *Forme* du pouvoir gouvernemental est la plus sérieuse préoccupation des
hommes politiques. C'est par là surtout que se
manifeste la frivolité de notre caractère national. Le fond n'est rien, ou s'il est quelque
chose, il ne l'est que par la forme, qui n'est,
après tout, que l'apparence. Aussi, dans le
cours habituel de la vie sociale, un individu,
quel qu'il soit, n'est jugé que parce qu'il paraît être et non parce qu'il est réellement ; et
de cette façon d'apprécier qui malheureusement
est générale, on a induit, avec raison, cet
adage : « Rien ne ressemble plus à un honnête
homme qu'un fripon. »

La politique partage donc avec nos habitudes sociales la fâcheuse erreur de négliger le fond pour la forme, et de se méprendre conséquemment sur « *les bâtons flottants sur l'onde* » de notre grand fabuliste. Il résulte de notre disposition nationale à prendre des vessies pour des lanternes, que les intérêts généraux de la France, intérêts moraux et matériels, qui devraient être l'objectif de leurs méditations et de leur prétention à bien gouverner le pays, ne sont, pour la plupart de nos hommes politiques, qu'un accessoire de dernier ordre. On a une enseigne, une cocarde, un drapeau, une dénomination quelconque de gouvernement, cela doit suffire amplement à toutes les exigences, à tous les besoins, à toutes les convoitises, à tous les intérêts, et, par ce fait, tout le monde doit être *nécessairement* satisfait et bien heureux, en *théorie*, y compris même, ceux qui, en *pratique*, meurent littéralement de faim.

Comme cette doctrine politique a été le *codex* de tous les divers gouvernements qui se sont successivement supplantés dans notre pays depuis quatre-vingts ans, on s'est bien gardé, sous nôtre régime *révisable*, de l'égratigner même légèrement ; et le pauvre diable, fût-il médaillé de probité, qui s'aviserait de contredire la théorie en étalant des arguments de fait tangibles qui le concernent, serait aussitôt traité d'agent secret aux gages d'une réaction imaginaire.

Et pourtant, le citoyen électeur qu'on voit à peine vêtu de haillons, ne peut pas se tailler la chemise qui lui manque dans les plis d'un drapeau gouvernemental quelconque, ce drapeau fût-il même celui de la fameuse Commune de 1871, et pourtant (tout *souverain* de nom qu'il est de par le suffrage universel) le citoyen électeur qui se meurt d'inanition ne peut pas, pour assouvir sa faim, mordre à la hampe de ce même drapeau quelconque, à moins que le susdit citoyen-électeur-souverain n'ait emprunté pour la circonstance les ciseaux et le râtelier dentaire de nos grands hommes politiques.

Pour rappeler la plupart de ces prétendus hommes politiques à la mission qui leur incombe et qu'ils dénaturent à l'envi, il suffira, je pense, de mettre sous leurs yeux en gros caractères les réflexions de simple bon sens qui suivent :

La coupe élégante des vêtements qu'il porte n'empêche pas un homme d'être scrofuleux ou poitrinaire, si cet homme est réellement l'un ou l'autre.

La forme républicaine, pas plus que la forme monarchique d'un gouvernement, par cela seulement qu'elle est acceptée ou subie, n'a pas le don, le privilége de dispenser également aux adeptes et aux adversaires le travail, le bien-être et la sécurité.

Au scrofuleux, au poitrinaire, il faut d'autres remèdes que la coupe élégante d'un habit. Au Pays, il faut autre chose qu'une *forme*, si ronflante qu'en soit la dénomination qu'on lui donne dans les *vivats* des intéressés. Ce qu'il lui faut, c'est l'application, sans phrases, de bonnes mesures économiques et de réformes utiles. Laissons les mots au dictionnaire et tenons-nous-en aux faits qui sont toujours plus éloquents que la plus bruyante fanfare des applaudissements de tribune, car notre vieux bonhomme de fabuliste, qui valait bien un tribun parlementaire, l'a dit avec raison : « Qu'en sort-il le plus souvent ? du vent. »

*
* *

Il est une grave erreur, grosse de conséquences fâcheuses ; et cette grave erreur, la voici :

Privilégiés par notre situation topographique qui fait notre importance matérielle à laquelle, je le reconnais, concourt activement l'admirable ténacité de nos populations rurales à développer le travail et la production agricoles, nous tirons vanité des richesses que le sol français nous prodigue, comme si ces richesses étaient une création particulière de notre génie national.

Cette vanité n'est pas seulement une énorme sottise, en ce sens que nous nous attribuons une valeur qui ne nous est pas propre. C'est encore une imprudence impardonnable, aujourd'hui surtout, en ce sens que nous attisons ainsi. le désir de conquête d'ennemis moins bien partagés que nous sous ce rapport et, par cela même, fort disposés à abattre notre vanité et à s'adjuger, par la force, l'objet dont nous tirons un si fol orgueil.

Vaniteux et vantards que nous sommes, sachons donc une fois pour toutes que ce qui fait notre gloriole ne nous appartient pas en propre ; que, transplantés sur notre territoire, les Allemands, par exemple, deviendraient peut-être plus riches que nous, et que, transplantés sur le leur, nous serions à coup sûr aussi pauvres qu'eux et peut-être même même arriverions-nous à devenir encore plus pauvres qu'ils ne le sont aujourd'hui.

Ce n'est pas l'indigène français qui fait de lui-même sa fortune nationale. Notre situation matérielle et financière, nous la devons bien moins à notre initiative de race, qu'au sol sur lequel nous avons l'avantage de respirer et d'agir.

Il semble que notre territoire est d'autant plus généreux que nous sommes plus prodigues de ce qu'il nous dispense et plus vaniteux des ressources qu'il nous fournit. La nature en France répare les sottises de notre prodigalité vantarde et de notre ostentation ridicule; mais les réparera-t-elle toujours? Et cette providence qui ne s'est point lassée jusqu'à présent de nous combler de bienfaits, ne se lassera-t-elle pas un beau jour de les répandre sur cette ingrate progéniture du matérialisme qui pullule comme l'ivraie dans un champ de blé?

* *
*

Comme on le voit, il y aurait un énorme livre à faire si l'on devait réunir en faisceau tous les documents d'une sérieuse enquête sur notre état social, sur la démoralisation de notre pauvre et chère France. A chaque pas, en effet, on se heurte contre de nouvelles ruines de notre antique unité nationale que notre orgueil et notre patriotisme de race avaient heureusement sauvegardée pendant tant de siècles ; à chaque coup d'œil aussi, on s'aperçoit des vides qui restent inoccupés dans nos rangs de patriotes ; à chaque inspection critique, on constate des défaillances nouvelles ; à chaque appel, défaut.

Ce qui attriste les rares individualités qui ont conservé le culte de la patrie n'attriste pas moins celles qui ont gardé intacte la foi religieuse de leurs pères, que cette foi soit catholique, évangélique ou mosaïque, il importe peu d'en établir la distinction dans le présent travail, puisque toutes les trois, abstraction faite des formes du culte et de dogmes particuliers, ont pour objectif unique le même Dieu et pour fin commune l'immortalité de l'âme.

En ce qui concerne notre situation purement morale, dégagée de toute foi politique et de toute foi religieuse, on est également affligé de notre décadence et de notre abaissement. Les gens de cœur, clair-semés dans la foule qui descend fiévreusement aux bas-fonds où l'on grouille en commune promiscuité, en sont arrivés aujourd'hui à se demander si demain ils ne seront pas entraînés malgré eux dans les *dépotoirs* des immondices sociales de notre temps.

Mon langage paraîtra peut-être trop rude, brutal même dans la forme, mais au fond je n'exagère rien ; et sans les connaître, sans nulle envie d'y jeter les yeux, je suis persuadé qu'on se voilerait la face d'horreur, de pitié et de dégoût, si l'administration policière de notre pays livrait à nos méditations les mystérieuses infamies dont elle possède la clef.

Eh bien, comme nulle cause ne reste sans

effet, que tout effet provient d'une cause, de même que le fruit d'un végétal est le produit d'un noyau, d'une graine dont rien n'a contrarié la germination et le développement, voyons maintenant à quels résultats, à quelles fins nous conduiront les causes morales, politiques et sociales que nous venons de signaler dans la situation actuelle de notre pays.

Le rapide exposé des conséquences logiques de quelques-uns des faits que j'ai consignés dans le cours de mon livre, sera la raison déterminante et comme le préliminaire obligé des prédictions qui doivent clore cette publication.

Indiquons donc en quelques lignes, pour clore le présent chapitre, le chemin que nous suivrons fatalement, si, résistant à toute inspiration du bon sens et négligeant le secours imprévu de circonstances favorables, nous ne nous arrêtons pas dans la voie où nous nous sommes engagés, entraînant la patrie avec nous.

S'il est vrai qu'aujourd'hui une indifférence profonde a remplacé le patriotisme en France, les forces matérielles, offensives et défensives, dont nous disposons, ne recevant aucune impulsion féconde, resteront inertes, comme le canon chargé devant un artilleur privé de mèches allumées.

S'il est vrai que le souci de son individualité, de la conservation exclusive de son MOI étouffe aujourd'hui tout enthousiasme, tout élan, toute spontanéité de dévouement pour la communauté dont on est membre, le mal d'autrui, du parent, du proche, du voisin, du compatriote ne nous regarde pas, et, conséquement, en bonne-logique d'égoïsme, nous laisserons autrui, quel qu'il soit, parent, proche, voisin, compatriote, se tirer du bourbier où le hasard aura voulu que nous ne tombions pas à leur place.

S'il est vrai que dans la pratique de la vie actuelle l'émulation pour le bien est aujourd'hui supplantée, baffouée par les manœuvres des agents du mal dans l'esprit dépravé de la masse populaire, les gens de cœur et de probité se retireront successivement de la lice par dégoût, abandonnant à *l'inconnu* de l'avenir les générations dont ils ne sont plus les conseillers ni les représentants.

S'il est vrai que l'abandon, la rupture des liens de famille et de société laissent libre carrière aux appétits et convoitises de chaque individu, il n'y aura bientôt plus à compter sur la formation d'aucun groupe décidé à réagir dans un sens ou dans un autre, ni sur une détermination collective à lutter contre les entrainements éventuels d'une masse populaire affolée ou irritée par des meneurs au gages de tel ou tel parti politique ou religieux.

S'il est vrai que la dissolution des mœurs est arrivée aujourd'hui au point de ne plus effaroucher les regards timides, l'indulgence du jury pourra bientôt s'étendre, sans scrupule, jusqu'à passer l'éponge sur les faits dont elle est dès à présent appelée à devenir victime à son tour.

S'il est vrai que les nécessités de la vie matérielle deviennent aujourd'hui de plus en plus difficiles à satisfaire, il est évident qu'on arrivera prochainement à cette extrémité désolante et fort peu républicaine que l'échine la plus inflexible sera forcée de se courber pour attraper le morceau de pain que la bouche demandera ; et alors où trouvera-t-on des caractères !

S'il est vrai que l'éducation première, l'éducation de famille, l'éducation morale cessent d'être aujourd'hui la large base sur laquelle l'enfant se développe pour devenir plus tard ici un père et là une mère de famille, la Société est en train rapide de perdre ses assises fondamentales ; et le peuple français de nation compacte deviendra une simple agglomération d'individus sans liens entre eux et n'ayant rien de commun que l'émulation à pratiquer mutuellement, au détriment les uns des autres, la calomnie, l'injure, le mensonge, la perfidie, le viol, l'adultère, la tromperie, le vol, l'exaction et de temps en temps, par-ci par-là, le meurtre et l'assassinat.

S'il est vrai que le lucre, le gain, la fortune sont de nos jours en France l'unique et suprême objectif de l'activité humaine; s'il est vrai que l'éducation, donnée aujourd'hui par les ascendants à leurs descendants, à tous les degrés de l'échelle sociale, ne comporte pour tout précepte et tout exemple que cette divise formulée en termes vulgaires et généraux: « gagner de l'argent, » il arrivera nécessairement dans un temps rapproché que le terrain de l'activité sociale se changera en un véritable champ de bataille où bandits et victimes se disputeront les armes à la main leurs mutuelles dépouilles. — Et alors, quelle voix assez puissante pourra faire entendre à ces forcenés du gain à outrance le droit de chacun à une justice distributive? Quelle voix pourra rappeler dans le cœur des délinquants de tous les étages, du financier au marchand des quatre-saisons, la conscience dont ils n'auront jamais connu les prémisses, car la conscience vraie n'est que la manifestation appropriée à notre nature de l'idée religieuse, de la suprême justice qui doit punir ou récompenser nos œuvres d'ici-bas ?

S'il est vrai que l'intervertissement des rôles distincts de l'organisation sociale des peuples civilisés est arrivé aujourd'hui à ce point que le mérite et la vertu ne pèsent pas plus que la sottise et l'infamie dans la balance sociale, la sagesse deviendra une ineptie, le mérite une duperie, la vertu une folie, le sentiment de l'honneur un leurre. Dès lors, il ne restera plus à ceux que le siècle appellera par dérision les *radoteurs moraux du passé* d'autre ressource que celle de s'éloigner au plus vite, s'ils le peuvent, d'un milieu de vices et de corruption qui réclame une tempête d'assainissement.

S'il est vrai que la fille de joie (prostituée avérée ou dissimulée) peut impunément et publiquement aujourd'hui faire rougir la pudeur de la jeunesse vertueuse, choquer le sentiment du devoir chez la femme honnête, heurter violemment l'auréole du respect dû à la mère de famille et faire gémir la vieillesse de douloureuse pitié, la démoralisation n'aura plus d'autre terme en France que le désastre figuré de Gomorrhe, c'est-à-dire l'extirpation radicale pratiquée par la fatalité historique des peuples sains chez les peuples gangrenés.

S'il est vrai, enfin, que l'outrecuidance, inspirée aux sots comme aux gredins par leur double titre conventionnel de citoyens et d'électeurs, est aujourd'hui l'expression de la science infuse que le système égalitaire du suffrage universel répartit indistinctement et au même degré à tous ses membres, il arrivera inévitablement que les ignares, les cuistres et les coquins (de par le nombre qui est la force brutale du jour) feront la loi aux hommes sensés, raisonnables, vertueux, savants de la minorité quelle qu'elle soit, monarchique ou républicaine. Toutefois, cette domination du nombre brutal ne sera pas de longue durée, et un jour se lèvera où, par un juste retour d'équilibre, une force imprévue, étrangère ou nationale, réagira en sens inverse, ainsi qu'il arrive pour la violence des aquilons glacés du Nord, qui sont tout à coup refoulés au pôle par l'exubérance de calorique et de dilatation des vents chauds du Sud.

Somme toute, comme on le voit par les traits qui précèdent, nous sommes arrivés en France au terme fatidique où nous devons, bon gré mal gré, nous régénérer ou disparaître en tant que grande nation.

Il y a longtemps qu'on a dit que les races latines n'avaient plus dans leurs veines qu'un vieux sang vicié et que ce sang devait être renouvelé par un sang jeune et sain. Mon amour-propre de race a longtemps repoussé ces réflexions comme entachées de germanisme. Les derniers événements de la guerre de 1870, les anomalies du temps présent, et les perspectives de la politique extérieure m'ont dessillé les yeux. Maintenant, j'ouvre tout grands mes regards auprès comme loin de moi, et, guidé par l'expérience, par la maturité de l'âge, par le calme de la méditation, par l'observation suivie de tout ce que je frôle au passage des vivants comme au souvenir des morts, je me trouve en présence, non pas de ce mirage trompeur qui séduit le voyageur dans les pays du soleil, mais d'une réalité sombre qui s'avance au devant de nous de plus en plus menaçante et que je ne puis voir s'approcher davantage sans crier le *qui vive !* d'une sentinelle, pour éveiller ceux qui dorment autour de moi.

L'ennemi.... l'Avenir est là ! je le signale.

CHAPITRE IV

PRÉDICTIONS POLITIQUES DE 1876 A 1900.

CHAPITRE IV.

Prédictions politiques de 1876 à 1900.

L'homme propose et Dieu dispose. (Prov.)
L'homme s'agite et Dieu le mène.   (Id.)
Rira bien qui rira le dernier. (Dicton pop.)

PROLÉGOMÈNES

Étant constaté historiquement dans les annales du PASSÉ :

Que les premières en date des migrations d'anciens peuples ou tribus ont eu toutes pour point de départ la circonscription territoriale asiatique comprise entre les monts Caucase, les monts d'Arménie, le golfe Persique, les monts Soliman, la mer d'Aral et la mer Caspienne ;

Que ces migrations se sont tout d'abord et presque simultanément effectuées dans la direction du Sud et du Sud-Est (Arabie, Egypte, Perse, Inde, Thibet, Chine, etc.) ;

Que des migrations postérieures ont à leur tour pris possession de l'Asie-Mineure, du sol ferme et des îles de la Grèce, des terres Italiques, etc., s'avançant ensuite graduellement jusqu'aux pays Ibériques, Celtiques, etc., cette fois dans la direction de l'Ouest, l'occupation des territoires du Sud et du Sud-Est par les précédentes migrations ne permettant plus aux ultérieures de venir s'y installer à leur tour autrement que par la conquête et les armes à la main ;

Que toutes les contrées accessibles du Midi, de l'Est et de l'Ouest ayant été occupées par les premières peuplades d'émigrants qui s'étaient successivement organisées en États et peuples distincts, il n'était plus resté aux convoitises des migrations ultérieures d'autre objectif que les pays situés au Nord-Est et au Nord-Ouest, par delà le Caucase, la mer Noire, la mer Caspienne, la mer d'Aral, et qui devaient s'appeler plus tard du nom des trois races principales des derniers émigrants, la Scythie, la Sarmatie et la Germanie, souche de ces *Barbares* connus dans l'empire romain sous les dénominations de Huns, d'Avares, d'Alains, de Vandales, de Cimbres, de Teutons, de Francs, de Goths, de Suèves, de Burgondes, de Lombards, etc. ;

Étant constaté historiquement dans les annales du passé :

Que les premières peuplades des régions du Nord, Nord-Est et Nord-Ouest n'avaient pas quitté de propos délibéré les contrées Caucasiques, berceau commun des races humaines, pour se diriger intentionnellement vers le Pôle par attraction de climat et dans la perspective d'une existence plus prospère ;

Que, dans les migrations des âges reculés, les premières familles et tribus qui avaient gagné ces lattitudes inclémentes, ne s'étaient aventurées dans cette direction que parce que l'accès des pays du Sud, de l'Est et de l'Ouest leur était fermé par les premiers occupants ; que ces familles et tribus ne s'y étaient établies contre leur gré qu'après avoir longtemps à l'aventure erré, de père en fils et de génération en génération, à la recherche de territoires où elles pussent se fixer ;

Que quelques-unes d'entre elles, plus hardies que les autres à poursuivre le cours de leurs excursions jusqu'à s'aventurer sur les mers, de la Manche à la Baltique, et trompées dans leur prévisions, avaient été jetées par les naufrages sur les côtes Kymriques, Anglo-Saxones, Scandinaves ou Finlandaises, d'où leur descendance s'est graduellement éparpillée dans le cours des siècles jusqu'aux lisières des contrées polaires, — ce qui explique la présence des diverses peuplades de Samoyèdes, de Lapons, de Groënlandais, d'Esquimaux, etc., sur les côtes désolées de l'Océan glacial ;

Que l'inclémence de ces froides et brumeuses régions qui, à l'origine, comme nous venons de le dire, ne devaient leurs premiers occupants qu'aux aventures des migrations et des naufrages, a de tout temps poussé les peuples qui les habitaient à les abandonner pour regagner le point de départ de leurs ancêtres, ou tout au moins à s'en rapprocher comme instinctivement, le plus possible ;

Que les populations du Nord ont toujours eu pour objectif et toujours atteint comme but de pérégrinations et de convoitises les régions plus rapprochées que les leurs du soleil, — tendance invincible et fatale qui ne peut s'expliquer que physiologiquement par l'instinct de la conservation et le besoin de se procurer le bien-être matériel que fait toujours miroiter aux yeux la perspective des zones tempérées ;

Étant constaté historiquement dans les annales du PASSÉ :

Que les grandes invasions des premiers siècles de notre ère, racontées par l'histoire, n'ont été tentées par les peuples du Nord, exécutées, repoussées ou réussies sur des points différents de la vaste occupation romaine, que dans la direction du Sud ;

Que, lorsque les peuples du Nord n'ont pu franchir les lignes de résistance établies par les peuples du Midi, il n'ont pas rebroussé chemin, et, tournant les difficultés du moment, se sont répandus, disséminés sur ces confins respectés, soit à l'Est, soit à l'Ouest, mais n'ont jamais regagné leur séjour primitif ;

Qu'ainsi, les peuples du Nord ont toujours cherché et presque tonjours réussi à refouler les peuples du Sud, à les supplanter dans la possession du sol, à se les assimiler en mœurs, usages et caractères, on tout au moins à se les annexer ;

Qu'au contraire, toutes les tentatives en ce sens du Sud contre le Nord ont toujours échoué, aussi bien de Carthage contre Rome, que de la Grèce contre la Macédoine, des Sarrazins contre les Francs de Charles Martel, depuis les Romains jusqu'à Napoléon Ier, depuis la défaite des légions de Varus en Germanie jusqu'à la retraite de Russie en 1812;

Qu'on ne saurait objecter la conquête des Gaules par Jules César, parce qu'elle n'a jamais été intégralement effective et réelle qu'à une latitude à peu près égale à celle de l'Italie et que sur notre vieille terre celtique, Rome ne comptait sérieusement qu'une seule *province romaine*, dans l'acception de ce mot, la Narbonaise;

Que, pour nous borner à une dernière citation, l'épisode historique de la conquête de l'Angleterre par Guillaume, duc de Normandie, loin de contredire l'exactitude de mon assertion, la confirme, quand on considère que les Northmans de Guillaume le Conquérant étaient de la race scandinave, laquelle était peuple du Nord par rapport aux Anglo-Saxons placés topographiquement plus au sud ;

Étant constaté scientifiquement :

Que tout ce qui existe sur notre globe est constamment assujetti à une même et unique loi générale qui le régit fatalement dans l'ensemble et dans les détails ; qu'ainsi, en vertu même de cette loi inéluctable, les hommes, comme les végétaux, se tournent instinctivement vers le soleil, et qu'ainsi également les peuples du Nord sont invariablement attirés vers le Midi ;

Étant constaté historiquement et scientifiquement :

Que la tendance instinctive des peuples du Nord à rebrousser vers le Sud, où les attire déjà la perspective d'une existence plus douce

et plus facile, se développe toujours davantage
en raison directe de l'accroissement continu
de la population dont le trop-plein déborde et
se répartit sous une latitude et dans un milieu
moins favorisés sous ce rapport ; accroissement de population qui provoque, nécessite
même le départ d'un nombre chaque année
plus considérable d'émigrants pour l'Amérique,
l'Australie, etc., et qui s'explique par des
raisons soit morales, soit scientifiques que je
pourrais exposer ici, si elles offraient un rapport direct avec l'objet spécial de ce livre ;

Étant constaté enfin :

Que le climat exerçant une action incessante
sur les facultés physiques, morales et intel-
lectuelles de l'homme, le maintien sinon l'accroissement des forces vitales à la température
du Nord est un fait aussi persistant que la
déperdition de ces mêmes forces à la température des régions du Sud, l'activité et le mou-

vement étant, ici, un effet de l'influence atmo-
sphérique du Nord, comme l'énervement, la
lassitude et le repos le sont également, là-bas,
d'une influence climatérique toute différente ;

Que c'est à cette cause première qu'il faut
attribuer le succès des empiètements du Nord
sur le Midi, en outre des entraînements instinc-
tifs des peuples septentrionaux vers les régions
méridionales et de la ténacité des races du
Nord d'autant plus grande à poursuivre un but
que les races du Sud sont plus disposées à le
négliger et à le perdre de vue ;

Il s'ensuit :

QUE LES ENVAHISSEMENTS DU MIDI PAR LE NORD
SE SUCCÈDERONT FATALEMENT, PÉRIODIQUEMENT
ET TOUJOURS PLUS FRÉQUEMMENT JUSQU'A LA FIN
DES TEMPS, quel que soit le DEGRÉ DE CIVILISA-
TION DU SUD OU PLUTÔT MÊME EN RAISON DIRECTE
DU DEGRÉ PLUS ÉLEVÉ DE SA CIVILISATION.

Dans l'ordre moral, comme dans l'ordre politique, l'observateur saisit la fatalité de cette loi immuable qui, pour les vrais savants, régit le monde matériel et qu'un penseur contemporain (1) a définie avec une précision mathématique en ces termes : « Les corps s'attirent « par leurs différences et relativement se re- « poussent par leurs similitudes. »

Étant constaté dans les annales des temps modernes :

Que le dernier partage à trois de la Pologne, préparé en 1792 et consommé en 1795, a ameuté les trois copartageants de Russie, de Prusse et d'Allemagne-Autriche contre l'installation de la République française à cette époque ;

----

(1) *Principe universel de la vie, du mouvement et de l'état de la matière*, par M. Trémaux, lauréat de l'Institut. 1 vol. in-12, Paris.

Que cette coalition des trois autocrates contre notre Révolution nationale a été le point de départ de la période de guerre et d'armements progressifs que les nécessités de plus en plus impérieuses des convoitises politiques ont érigés depuis en système permanent pour tous les États, grands et petits, de l'Europe contemporaine ;

Étant constaté :

Que, d'une part, l'entretien d'armées permanentes, dont le chiffre croissant embrasse aujourd'hui dans les principaux États militaires de l'Europe la presque totalité de la population mâle valide, a quintuplé les charges budgétaires des peuples, sans compensation d'aucune sorte ;

Que de cet état de choses ont surgi les plus graves questions économiques dont la solution pratique, quand on parvient à la découvrir, tend constamment à mettre en équilibre cette

double fonction de pompe aspirante et de
pompe refoulante appelée le Budget national ;

Que les recherches des économistes les plus
sérieux, les plus *praticiens*, deviennent de
plus en plus impuissantes à combler sans
cesse le vide du goufre budgétaire qui va
toujours s'élargissant dans tous les pays où
dominent l'élément militaire et le système des
armements progressifs ;

Que cette prodigalité des ressources nationales en vue d'éventualités toujours pendantes
de guerres et de conquêtes ne peut continuer
pour un temps que par l'appauvrissement des
États les plus faibles au profit des plus forts,
et finalement par l'appauvrissement général
des uns et des autres dans un avenir rapproché ;

Que, d'autre part, le système militaire par
lequel la Prusse, devenue Empire d'Allemagne,
a, la première, englobé dans ses vastes cadres

d'armées permanentes tous les âges valides de sa population virile, est appliqué aujourd'hui dans presque tous les autres pays du continent européen comme une nécessité absolue de prévoyance défensive et de sécurité nationale ;

Que le maintien de ce régime de recrutement militaire sur une aussi vaste échelle est une entrave apportée à l'exercice de la vie civile, au mouvement des affaires, au développement de l'industrie agricole et manufacturière, à l'activité de la fabrication, en un mot à la production nationale, c'est-à-dire à la vitalité économique des Etats ;

Que ce mode de recrutement militaire exagéré est fatalement soumis à cette alternative redoutable :

Ou de s'affaisser de pléthore sous les vastes proportions de son propre poids laissé inactif après avoir inutilement paralysé les forces vives du pays ;

Ou bien, ce qui est le remède héroïque, de pratiquer, au moyen d'expéditions militaires, de

grandes saignées périodiques qui enseignent
aux nouvelles recrues à combattre, à l'exemple
de leurs chefs de file, les vétérans, que l'expiration de leur service actif détache chaque
année des cadres militants ;

Il s'ensuit :

D'une part, que les grandes puissances de
l'Europe, plus que jamais obligées de maintenir, en regard les unes des autres un état de
paix armée jusqu'aux dents, sont fatalement
condamnées, savoir :

Les moins riches, à succomber d'épuisement
sous le faix de charges sans compensation ;

Les plus fortunées, à s'appauvrir graduellement dans un temps rapproché ;

Les plus vitales, et les plus fortes autant par
le nombre des combattants que par l'accumu-
lation de leurs ressources de guerre et d'argent,
à en venir aux mains dans une lutte suprême
dont la catastrophe formidable permettra aux
vainqueurs d'imposer aux vaincus le licencie-

ment des corps armés et le désarmement général;

D'où, REMANIEMENT COMPLET DE LA CARTE POLITIQUE DE L'EUROPE;

D'autre part, que l'EMPIRE D'ALLEMAGNE, regardé aujourd'hui comme la plus forte puissance militaire du continent européen, EST IMPÉRIEUSEMENT FORCÉE, SOUS PEINE D'EFFONDREMENT, DE PROVOQUER A BREF DÉLAI UNE OCCASION DE GUERRE QUELCONQUE, OU BIEN D'ENGAGER AU BESOIN LA GUERRE *per fas et nefas*, AUTANT POUR MAINTENIR SA PUISSANCE MILITAIRE AU MÊME NIVEAU QUE POUR JUSTIFIER AUX YEUX DU PEUPLE ALLEMAND L'ÉCRASANTE CHARGE DE SON BUDGÉT DE LA GUERRE, OU POUR L'ALLÉGER TEMPORAIREMENT PAR LES AVANTAGES MATÉRIELS DE SUCCÈS MILITAIRES ÉVENTUELS.

* *

Étant constaté dans le présent :

Que la situation économique générale de l'Empire Allemand n'est plus en rapport avec les exigences de la suprématie politique et militaire qu'il prétend s'attribuer aujourd'hui ;

Que cette situation générale est assez précaire, la rémunération du travail populaire assez exiguë, la production agricole assez inférieure aux besoins de la consommation, la production industrielle assez peu capable de soutenir avantageusement la concurrence étrangère, en un mot, la vie matérielle assez difficile à la masse de la population, pour motiver les grandes migrations d'Allemands qui quittent le sol natal pour aller chercher dans tous les pays du monde le bien-être qu'ils n'ont pu trouver dans le leur ;

Que cette réduction progressive et continue de la population est un fléau que le gouvernement allemand ne peut combattre temporairement que par l'annexion à l'ensemble des provinces nationales de territoires plus favorisés sous le rapport de la production et dont les ressources puissent combler le déficit du pays d'origine ;

Il s'ensuit :

Que l'adjonction au giron allemand de nouvelles provinces plus productives que celles de
la mère-patrie est pour l'Empire d'Allemagne
une NÉCESSITÉ VITALE autant qu'une NÉCESSITÉ
POLITIQUE.

*   *
*

Étant constaté dans le présent :

Qu'en l'état actuel des choses, par suite de
l'extension considérable donnée aux relations
internationales, de l'importance acquise par la
navigation au point de vue du commerce et
des échanges soit avec le littoral de notre continent, soit avec les régions d'outre-mer, la
puissance territoriale la mieux assise, et quelles
que soient ses forces militaires, ne saurait avoir
une chance de durée sans être en même temps
puissance maritime ;

Que l'Empire d'Allemagne, malgré son étendue
territoriale et sa solide organisation militaire,
est fatalement destiné à s'effondrer à bref délai,

s'il n'est au plus tôt étayé, accru et consolidé par des forces maritimes en rapport avec les exigences politiques de sa situation et les exigences économiques, encore plus impérieuses, qu'il est tenu de satisfaire;

Que l'Empire d'Allemagne ne peut devenir à son tour puissance maritime qu'à la condition de posséder une étendue suffisante de littoral sur des points favorables à son développement;

Il s'ensuit:

Que, pour échapper à l'effondrement qui menace sa puissance militaire, presque uniquement territoriale, l'Empire d'Allemagne est impérieusement tenu d'étendre ses grandes tentacules de poulpe, à l'ouest sur la Hollande qui le rapprochera de l'Atlantique, et au sud, sur le littoral nord, nord-est et nord-ouest de l'Adriatique, qui lui ouvrira à la fois les bassins de la Méditerranée, de la mer des Indes et de l'océan Pacifique, — avantages que ne peuvent lui offrir ni ses côtes fort restreintes sur la mer du Nord, ni celles qu'il possède sur la Baltique; qu'ainsi forcé de devenir puissance maritime de premier ordre ou de disparaître sous sa lourde carapace de puissance territoriale, l'Empire d'Allemagne est également forcé de s'annexer d'abord la Hollande, sauf à s'établir ultérieurement sur les côtes nord de l'Adriatique, débouché naturel de la grande artère ferrée du Saint-Gothard, dont sa politique a inspiré la création et point de départ du commerce maritime que l'Allemagne pourra entretenir avec toutes les contrées du Sud et du Levant.

*
* *

Étant constaté dans le présent :

Que la Russie n'est pas moins intéressée au développement de sa marine que ne l'est l'Allemagne sous ce rapport ;

Que ce développement ne peut s'effectuer pour elle que par la prise de possession de côtes importantes presque limitrophes de son territoire actuel ;

Que le littoral le plus à portée de sa convoitise et qui se relie sans solution de continuité avec ses possessions côtières de la mer Noire, est la TURQUIE D'EUROPE ;

Etant constaté :

Que l'existence de la nationalité turque, implantée de force par la conquête sur le continent européen, abstraction faite de ses croyances religieuses que je laisse à l'écart, est une triple anomalie morale, politique et sociale qui jure dans le concert des puissances civilisées de l'Europe ;

Que le vieux cimeterre d'Omar est aujourd'hui aussi impuissant que le sabre de bois de Polichinelle devant le plus petit révolver d'un Californien, à plus forte raison devant la lance des cosaques ou les canons Krupp de l'Allemagne ;

Que, du reste, sa situation économique et financière est le critérium infaillible de son impuissance radicale à prolonger son agonie, et conséquemment, de sa disparition prochaine.

*
* *

Etant constaté :

Que, malgré les trompeuses apparences de son parti-pris belliqueux de protéger la Turquie contre toute agression, en étalant sur le littoral musulman un appareil de forces navales for- midables, l'Angleterre est impuissante (ce qu'elle n'ignore pas) à rendre la vie à un ago- nissant déjà en voie de décomposition ;

Que le gouvernement britanique, dont je tiens ici à percer à jour la politique non moins cau- teleuse que profondément égoïste, abandonnera feu Stamboul à sa destinée tout en lui donnant pour imposantes funérailles les salves de ses canons de bord, aussitôt que la démonstration fanfaronne de ses forces navales lui aura assuré le succès ultérieur de ses vues particulières sur l'Egypte, en compensation du rôle de muet que l'Angleterre se réserve de jouer à propos dans le grand drame de l'annexien de la Turquie d'Europe à l'Empire de Russie;

Etant constaté:

Que la France n'a aucun intérêt bien entendu à concourir au maintien de la puissance ottomane en Europe;

Qu'après avoir commis une grave faute de *perspective* politique en se faisant le chevalier servant de la politique anglaise dans l'expédition de Crimée, elle ne saurait, sans une inexcusable aberration, renouveler la faute de 1855 et s'aliéner, cette fois définitivement, les dispositions sympathiques de la Russie, pour la périlleuse gloriole de servir les vues intéressées du cabinet anglais actuel, qui, le cas échéant, se conduirait envers nous comme s'est conduit le ministère Gladstone, de triste mémoire, pendant notre guerre de 1870;

Que, du reste, les intérêts déjà si compromis

de nos nationaux, porteurs de près de Deux Milliards de titres ottomans, seraient définitivement sacrifiés par le maintien d'un *statu quo* absurde qui ne peut que ruiner sans compensation leurs dernières espérances de recouvrement ;

Il s'ensuit :

Que la *Sublime* Porte Ottomane en est réduite aujourd'hui, par la force des choses comme par son propre fait, à ne pouvoir plus compter les jours qui lui restent à vivre.

*
* *

Etant constaté enfin :

Que notre époque, n'ayant plus, comme on l'avait autrefois, la foi politique ou la foi religieuse qui inspiraient le dévouement et l'abnégation, est sous la pression exclusive de la question économique qui a substitué la satisfaction des intérêts matériels et des appétits à l'expansion des idées et aux aspirations métaphysiques.

Que les méditations des penseurs, des philosophes et des moralistes du passé sont remplacées, aujourd'hui, par ce qu'on appelle les comptes de *profits et pertes*, ce qui, entre parenthèses, témoigne de notre décadence morale, et prouve ce que les poëtes appellent, dans leur langage figuré, la *chute de l'ange* (1);

---

(1) L'intérêt matériel, métallique, sonnant, palpable, est aujourd'hui la grande loi du monde, des individus comme des États, de ce monde où nos ancêtres de tous les pays ont marqué leur passage dans les siècles antérieurs par des actes de désintéressement, d'abnégation, de grandeur d'âme, de sacrifice et de dévouement.

L'observation de cette loi, tacite, sans texte, sorte de dogme religieux de l'égoïsme individuel, principe social anti-humanitaire de notre triste époque, a pour correctif chez quelques peuples, l'Anglais et l'Allemand, par exemple, l'esprit vigoureux de nationalité, auquel on sacrifie *quand même*.

Pour nous, au contraire, grâce au travail de décomposition morale que nous devons aux cinquante années écoulées, la France n'est plus qu'une surface topographique, une expression géographique; elle n'est plus la Patrie, ce foyer de la race et de la famille; la Patrie! ce grand nom que je ne puis prononcer sans que les larmes ne me viennent aux yeux

Il s'ensuit :

Que, la question économique, dominant au-

---

d'attendrissement et d'amour, et j'ajoute même de douleur profonde !

Oui, en France, comme, par tendance de caractère, nous passons avec entraînement d'un point à un autre, de la plus haute somme de grandeur d'âme au plus abject avilissement; comme nous sommes extrêmes en tout, dans le bien comme dans le mal; comme enfin, au temps actuel, notre mauvaise fortune nous a fait entrevoir dans l'*intérêt matériel, palpable et métallique*, le *nec plus ultra* de la félicité terrestre, nous nous sommes dépouillés, pour atteindre plus vite ce but, de tout le bagage de nos qualités dominantes d'autrefois; nous avons rejeté du pied sur la route tout ce qui pouvait gêner nos mouvements, et le patriotisme tout d'abord, parce qu'il est l'antithèse de l'égoïsme individuel.

Aujourd'hui donc, fatalité et malédiction! nos uniques *Tables de la Loi*, c'est notre portefeuille. C'est au poids de son portefeuille ou de sa cassette, qu'on suppute la valeur politique, morale et intellectuelle d'un homme. Le patriotisme est dans la semelle de nos chaussures. Où est votre trésor, là est votre cœur, avait dit Jésus aux pharisiens rapaces qui tentaient sa vertu; et, parlant à mon tour de mes compatriotes, que je ne gourmande ainsi que parce qu'ils me sont chers, je dis d'eux : « Où sont nos bottes, là est notre patrie. » — Hélas! ce n'est point avec ces maximes déplorables qu'on relève un peuple tombé, qu'on reconstitue une grande nation désorganisée.

Oh! je n'hésite pas à le dire, c'est à ces groupes d'égoïstes dont la rapacité s'est engraissée des souffrances de la famine jourd'hui la politique de tous les États, la solution ne peut être demandée qu'aux avantages commerciaux que peut procurer le développement des forces maritimes et aux ressources plus étendues que promettent des annexions de territoires riches et productifs au triple point de vue agricole, industriel et financier.

En conséquence :

PRÉDICTIONS

L'idée républicaine, en France, subira une nouvelle et dernière épreuve.

---

publique dans le siége de 1870, que je destinerais le séjour de la Nouvelle-Calédonie, bien plutôt qu'aux égarés de la Commune, qui, eux au moins, dans leur déplorable erreur, n'ont pas compté sur l'élasticité de leurs chaussures. — Infamie, et de nouveau encore, malédiction!

La République sombrera encore une fois.

Une nouvelle installation monarchique, dont je n'ai pas à révéler le drapeau, lui succédera pour une durée limitée.

C'est avant cette troisième disparition du régime républicain en France que se dessinera la conflagration européenne, politique, économique et militaire dont il sera parlé plus loin.

L'Allemagne, sentant de plus en plus que ses intérêts économiques sont froissés, écrasés même par les nôtres, changera la tablette du jeu d'échecs politique.

Elle suscitera de nouveaux prétextes de guerroyer contre nous et de nous amoindrir encore; et elle ne manquera pas de raisons pour cela.

Ce sera faire un coup mat et sûr.

Le défaut de foi politique et de foi religieuse, aussi bien que nos divisions intestines, notre frivolité bavarde, notre outrecuidance ridicule, le relâchement des mœurs et la caducité des caractères, feront notre faiblesse, et nous en subirons les conséquences.

Les habiles d'entre les adversaires de la République en profiteront pour proclamer, avec succès dans l'opinion publique, que le Régime républicain n'ayant pu faire mieux qu'une monarchie quelconque, incapable de rompre avec les errements du passé, et par la division même du nombre, fatalement enclin à faire une plus forte somme de mal qu'une individualité régnante n'en pourrait faire, une monarchie quelconque, à égalité de mécomptes, a sur le régime républicain tous les avantages de l'unité sur une collection disparate.

Spécieux ou vrai, tel sera le mot de la fin.

La question économique sera invoquée ensuite comme argument suprême et sans réplique. Qu'aura gagné la masse de la population laborieuse à se trouver sous l'enseigne de la République au point de vue des biens nécessaires dont elle a la légitime convoitise et qui se résument, pour elle, dans le prix rémunérateur du travail, dans l'allégement des charges, dans la vie à bon marché ? Rien, en effet, car on n'aura fait que tourner dans le cercle vicieux des précédents régimes, avec une autre cocarde au chapeau pour toute différence, ce qui n'est pas précisément une amélioration apportée au sort des classes laborieuses. Et alors..... Tirez de ces points les inductions qu'en tirera à un moment donné la masse populaire, qui n'a ni le goût ni le temps d'aller au fond des choses..

On fera ainsi, bien à tort, sans doute, un crime à la République, de notre impuissance, qui date pourtant des régimes antérieurs et dont elle n'aura pu se dispenser de recueillir les fruits amers, même sous bénéfice d'inventaire.

Nous n'en aurons pas moins perdu, pour un temps, notre voix au chapitre, si prépondérante autrefois, dans les grandes affaires politiques de l'Europe. De partie intéressée et militante, nous serons ainsi forcément spectateurs paisibles et réservés du grand drame dont notre continent sera le théâtre.

De nouveaux envahissements du Midi par le Nord ne tarderont pas à s'accomplir autant par nécessité de politique et de convoitise que par besoin des satisfactions matérielles que peuvent seules offrir les zones tempérées.

L'Aigle russe déploiera sa vaste envergure sur le vieux dôme de Sainte-Sophie, de la cathédrale fameuse des empereurs d'Orient. Le Stamboul musulman aura disparu. La ville chrétienne de Constantin se relèvera des limbes du passé.

Et la Russie étendra ses bras de la Baltique au Bosphore, assurée dorénavant d'avoir trois voix au chapitre du monde politique sur les trois continents d'Europe, d'Asie et d'Afrique. Sa destinée touchera au *desideratum* de ses aspirations séculaires, Saint-Pétersbourg et Constantinople seront les deux points extrêmes auxquels se rattachera dès lors l'axe du monde politique.

A peu près du même coup, un peu avant comme un peu après, et par compensation entre les parties intéressées, l'Empire d'Allemagne rattachera à son giron :

1° Tout ce qui restera du territoire allemand

désagrégé ici ou là par les événements antérieurs, à l'est, à l'ouest et au sud ;

2° Le territoire de la Hollande, bien moins
pour son importance de terre ferme que sous
le rapport de ses côtes sur la mer du Nord, qui
rapprocheront d'autant la marine allemande
du canal de la Manche et du littoral britan-
nique.

Et comme les côtes de la Hollande ne seraient pas pour elle une compensation suffisante de la possession du Bosphore et des
Dardanelles par la Russie, l'Allemagne s'avan-
cera vers Trieste d'une part et vers Venise de
l'autre, en touriste massif et bien décidé à
fixer solidement son pied plat où ce pied se
sera posé.

D'où, équilibre éventuel entre la Russie et
l'Allemagne, et fin de l'objectif poursuivi par
cette communauté à deux.

La communauté à trois ayant été ainsi entamée, et la part du lion étant ainsi faite, il restera à créer, au profit de la vieille monarchie autrichienne, une possession spécialement destinée à servir de tampon contre les chocs et frottements qui pourraient survenir alternativement de l'Allemagne et de la Russie.

Et l'Autriche sera ce tampon, cette soupape, cette écluse, peu importe la dénomination qu'on lui appliquera dans les protocoles à venir.

On fera ainsi de l'Autriche un État mosaïque, comme toujours, par tradition héréditaire ; et cet État, neutre, écluse, soupape ou tampon, comme on voudra l'appeler, sera formé, en outre de l'autonomie autrichienne proprement dite, des provinces danubiennes, des provinces aujourd'hui en insurrection contre la Turquie, et du territoire de la Grèce actuelle.

L'Angleterre ne sera point oubliée dans la cote mal taillée, et pour cause : on lui tiendra compte de sa protestation d'hier sous forme de forces navales dans les eaux de Constantinople, et comme il faut fermer la bouche aux affamés, on lui dira : Prenez et digérez !

Et l'Angleterre fera sa proie de l'Égypte, après avoir fait sanctionner par les copartageants d'autre part la neutralisation du Canal de Suez, sur lequel elle gardera toutefois la haute main comme successeur immédiat du Khédive et dans l'intérêt aussi de ses possessions de l'Inde.

Tout sera alors pour le mieux et dans le meilleur des mondes possible.

Il ne restera plus que l'Italie qui criera à l'assassin, pour avoir été écornée. Mais on la laissera tout à la fois s'égosiller et mettre sur pied de guerre ses bataillons, qui rentreront bientôt après à la caserne sans avoir rien fait, et tout sera dit.

Il ne restera plus enfin que la France. Mais la grande nation d'autrefois n'aura pas le temps de s'occuper de ces vétilles extérieures, occupée qu'elle sera déjà au pointage des bulletins de vote de ses deux Chambres, aux remaniements ministériels, à ses petites intrigues parlementaires et électorales, aux faits et gestes de ses *cocottes* et au succès des patinages à roulettes. La France amoindrie, dépenaillée, qu'importe ? Pourvu que Paris reste ville libre, ouverte aux plaisirs des étrangers et à l'activité rapace des traitants de toutes les catégories !

Mais, comme il n'y a rien d'immobile en ce monde, les prévisions à perpétuité de la politique générale n'auront été que des réalités à temps limité.

La mort du pape Pie IX, le plus grand peut-être des événements du siècle par ses conséquences, précipitera la crise finale.

Un ébranlement universel, sorte de cataclysme qui n'aura de comparable dans l'histoire que l'invasion des Barbares et l'écroulement de l'Empire Romain, se fera sentir d'une extrémité à l'autre de l'Europe, et les secousses s'en propageront jusque par delà l'Atlantique et le Pacifique.

Au caractère politique et militaire de l'ébranlement s'ajoutera par surcroît le caractère religieux qui en triplera la gravité.

La grande et inévitable conflagration européenne, si longtemps préparée et alternativement attisée et étouffée, éclatera comme un coup de foudre.

En feu et en armes d'abord, l'Europe deviendra un champ de cendres et de sang.

Cette fatale paix armée dont notre continent souffrait depuis un siècle sera devenue une collision terrible, excès de mal d'où sortira le bien, fin de l'incendie faute de combustible, fin de l'inondation faute d'eau.

Et c'est alors que la monarchie restaurée temporairement en France, reprendra sa tradition et ses allures d'autrefois.

Elle recommencera son rôle de partie militante aux premiers rangs.

A son enseigne, sous la pression de ses armes et sous son action diplomatique, les provinces détachées retourneront à leur giron naturel, à la France qui peu à peu par un vigoureux travail de régénération et par l'observation impitoyablement imposée des principes moraux et religieux, redeviendra ce qu'elle fut dans le passé, grande, forte, prépondérante; — préparation à ce qu'elle devra être ensuite définitivement.

C'est alors aussi que le poulpe allemand sentira se paralyser ses tentacules sur les proies mêmes qu'il aura saisies ici et là.

Son unité de convention aura bien été un faisceau solidement lié par un anneau de fer; mais cet anneau se trouvera, tout-à-coup, vicié par ce qu'on appelle une *paille* en termes vulgaires du métier. L'anneau se rompra au moindre choc, à la moindre résistance, et le fameux faisceau de l'unité allemande sous l'hégémonie prussienne se fractionnera en parcelles d'Etat distincts et confédérés à nouveau.

Et la question religieuse n'aura pas eu la moins grande part. dans cette fin piteuse du rêve politique prussien de 1870.

En même temps, la monarchie restaurée en France aura fait son œuvre ; sa destinée suprême étant accomplie, elle disparaîtra pour toujours.

Et d'autre part, à l'extérieur, la fin des collisions sanglantes et formidables dont l'Europe gardera le souvenir ineffaçable, aura démontré, pour la conduite des générations à venir, l'inanité et la monstruosité des grandes luttes armées de peuple à peuple.

Cette même période, dont la fin du siècle actuel sera le terme, verra se dégagréger les Etats-Unis de l'Amérique. La devise de l'union américaine au drapeau étoilé sera retournée. Le *Pluribus unum* aura fait place à autant de textes différents qu'il y aura d'Etats ayant recouvré leur indépendance propre et absolue.

La République de Washington aura duré un siècle. Les mœurs si différentes des divers Etats auront consommé la séparation préparée, au nord comme au sud, par le *babélisme* des croyances, par les extravagances du trafic et des entreprises, par le jeu effréné du mercantilisme, la folie furieuse des spéculations en toutes choses, même en matière de corruption administrative, les excès d'une liberté individuelle sans limite, qui n'est autre chose que la licence légalisée, et le déplorable agiotage dont le suffrage électoral est l'enjeu.

Pendant le cours de ces événements, sans analogie dans le passé des peuples, l'idée démocratique-humanitaire fera naufrage, en France, sous la rigoureuse compression de la monarchie restaurée, et à l'étranger, sous la tempête des conflagrations armées.

A ce naufrage sans exemple, quelques individualités de forte croyance échapperont par la vertu de Dieu.

Et cette fois, éclairés par la lumière d'en haut, c'est-à-dire, par la parole du Christ, ces naufragés, marqués au front du sceau du salut, rassembleront les épaves flottantes le long des côtes pour leur insuffler une nouvelle vie avec l'ardente foi dont ils seront eux-mêmes pénétrés.

Les grandes enseignes politiques et sociales

du passé seront rejetées à l'écart ; on n'aura plus que faire de ces cimbales creuses et retentissantes.

La pratique de l'indulgence, de la charité et de l'amour d'autrui remplacera la théorie décevante des devises.

Vingt ans passeront en France comme en l'étranger à ce suprême travail de régénération sociale, humanitaire ; vingt ans de labeurs, de luttes, de souffrances pour la vraie Démocratie !

Mais, ces vingt ans expirés, les grandes autocraties militaires auront disparu l'une après l'autre de la scène du monde.

Et alors se lèvera, pour l'Europe d'abord, et pour les autres continents ensuite, la radieuse aurore de la démocratie *vraie* et paci-fique n'ayant qu'un drapeau : *la charité dans l'amour*, selon les desseins du Christ, son ini- tiateur et son Dieu ! (*Voir à ce sujet l'impor- tante note sous le titre d'*APPENDICE *qui ter- mine le volume.*)

Et alors, enfin, sera institué le CONGRÈS DES CONFLITS, Cour suprême et permanente, com- posée de représentants de tous les |peuples et chargée de se prononcer souverainement et sans appel sur tous les différends internatio- naux qui seront soumis à sa haute juridiction. Institution grandiose dont les décisions seront exécutées *sans recours aux armes*, mais seu- ment et efficacement, en cas de résistance du peuple reconnu en défaut, par la *suspension de toutes relations d'importation ou d'exporta- tion* des autres peuples avec lui, jusqu'à l'exé- cution de la sentence arbitrale qui l'aura frappé ! Institution admirable qui aura trans- formé pour toujours les arènes sanglantes du passé, en Cour plénière d'arbitrage, de concorde et de paix universelle.

Tel est, dans ses traits les plus saillants, l'AVENIR qui se dégage, à mon esprit, du sérieux examen des faits survenus depuis cinquante ans, soit en France, soit à l'étranger.

Tel est l'*avenir* que j'ai entrevu dans le mystère de mes méditations, et que je fais entrevoir aujourd'hui à tout le monde comme fatal, comme inévitable, parce qu'il est aussi impitoyablement logique qu'une solution mathématique.

Un peuple n'échappe pas mieux qu'un simple individu à la destinée dont il a tissé lui-même et librement la trame.

Le seul et grand mérite des hommes qui ont, en ce cas, l'intelligence de la situation, consiste à se dresser d'avance le plan de conduite qui leur paraît répondre le mieux à l'ère des transformations politiques et sociales dont ils doivent, suivant leurs agissements, souffrir ou profiter.

C'est pourquoi, je le répète encore une fois :
« A bon entendeur, salut ! »

Encore une fois, cela sera parce que cela
doit être; parce que toutes les manœuvres,
tous les stratagèmes, toutes les combinaisons
des gouvernements et des particuliers, ne peuvent suspendre, enrayer même, pour la durée
d'une seconde, le cours logique des choses !

Dernier mot : — Dans les prédictions qui
précèdent, je n'ai pas dit ce que j'espère; je
n'ai pas dit, non plus, ce que je déplore ou redoute. J'ai révélé seulement ce que J'ENTREVOIS, non pas dans la perspective de mon imagination, mais dans toute la lucidité de mon
bon sens et de ma raison, qualités particulières

que je revendique, dans tous les cas, à défaut d'autres, comme caractérisant tous mes écrits, ce que personne, que je sache, n'a jamais contesté.

FIN

APPENDICE

APPENDICE

Qu'est-ce que j'entends par *Démocratie vraie?* Je vais le dire.

Le nom de *République* m'eût satisfait, s'il avait été jamais l'expression exacte de la chose. Mais il y a toujours un abîme entre l'enseigne d'une boutique et le fonds réel de cette boutique, entre la théorie sans cesse flatteuse et la réalité presque toujours décevante.

Du reste, toutes les organisations politiques dont l'histoire a consigné le souvenir sous le nom de *République*, sont la *négation en fait* et la *condamnation en pratique* des légitimes aspirations que cette dénomination trompeuse de *République* fait naître.

Il serait trop long de faire le procès aux Républiques du passé sur les divers points du globe, et même à cette République dont la France expérimente aujourd'hui les rouages. Je me contenterai de demander, avec la certitude que les réponses ne seront pas satisfaisantes :

Ce qu'étaient, en réalité, dans la pratique de la vie usuelle et sociale, les républiques de Sparte, d'Athènes, et autres États de la Grèce antique, si vantées par tous les poëtes, à l'exception d'Aristophane?

Ce qu'était, en réalité et dans la pratique journalière de la vie, cette fameuse république romaine des sénateurs à chaise curule du Latium?

Ce qu'était, en réalité, ce fantôme de république carthaginoise, avant comme pendant l'épopée d'Annibal?

Ce qu'étaient ces républiques de Tyr, de Sidon, de Phénicie?

Ce qu'étaient ces républiques boutiquières de Venise, de Gênes, de Pise, d'Amalfi et Cie?

Ce qu'était cette brillante république de Florence, sous la férule dorée des Médicis?

Ce qu'était, en Angleterre, la république bâtarde du protectorat de Cromwell?

Ce qu'était cette république *Batave* des Pays-Bas?

Ce qu'était cette fantaisie républicaine ayant nom monarchie élective des derniers âges de la Pologne?

Ce qu'était la première République française, en date de 92, au point de vue *pratique des intérêts populaires au jour le jour*?

Ce qu'a. été notre République triennale de 1848, avec un prince-président à sa tête?

Ce qu'est enfin notre République actuelle, emmaillotée de toutes les friperies de bahut conservées dans les musées du passé?

Le mot de *République* ne me dit donc rien. Ce n'est qu'un son, une note de flûte ou de trombone, suivant la circonstance. Ce mot est de la fausse monnaie sans cours, et je lui préfère celui de monarchie, quelle qu'elle soit, qui a sa signification précise; car si le mot de monarchie ne vaut qu'un maravédis, c'est toujours un maravédis qui s'accepte, s'échange et passe; et si peu que ce soit, c'est toujours plus que rien.

Qui dit DÉMOCRATIE, au contraire, dit *Peuple, Race, Famille.*

Qui dit Démocratie, dit *communauté* de *sang*, de traditions, de caractères, de mœurs, de sentiments et d'*aspirations*, aussi bien dans la conduite sociale des membres du même indigénat entre eux, que dans les relations internationales de la communauté avec les autres peuples.

Eh bien, cette simple définition, soit de nom, soit de chose, comme on dit en logique, de ce que j'appelle Démocratie (la Démocratie pacifique de l'avenir), suffirait, aux esprits éclairés, pour entrevoir l'organisation politique et sociale qui lui est propre.

Mais comme on ne s'adresse pas dans un livre à une classe exceptionnelle de lecteurs, mais à la masse du public, je regarde comme indispensable de m'expliquer clairement sur l'organisation politique de la Démocratie, dont j'entrevois l'avènement avant la fin du siècle, en remplacement de tous les régimes politiques essayés jusqu'à ce jour.

Mon exposé sera sujet à controverse, sans doute. Je ne prétends pas, dans une question de cette importance, donner le mot de la fin. Mais ce que j'aurai dit n'en figurera pas moins comme la première pelletée de sable ou de ciment d'un pionnier désireux de travailler aux assises de l'avenir de mon pays d'abord, et de l'Humanité ensuite.

Mon point de départ n'est point la sentence désolante de Sénèque : *Homo homini lupus* (l'homme est un loup pour l'homme), mais bien cette sublime parole de Jésus-Christ : *Vos estis fratres* (VOUS ÊTES FRÈRES), dont la mise en pratique réduirait à néant toutes les élucubrations politiques, économiques et sociales des penseurs de tous les temps, et dispenserait les hommes dits politiques d'user sans résultat leur activité à faire mouvoir la cage tournante où l'écureuil, prisonnier, se débat à chercher vainement l'issue qui lui rendrait la liberté.

Voici l'organisation politique de la DÉMOCRATIE FRANÇAISE, telle qu'elle m'apparaît réalisable à premier jet de conception :

La qualification officielle du nouveau Régime politique de la France serait : *Démocratie française.*

Le *suffrage universel* serait la base, l'assise fondamentale de ce Régime dans son fonctionnement régulier.

Seulement, au *suffrage universel* DIRECT, qui aurait, au début, sanctionné l'établissement de la *Démocratie française*, serait *substitué* ensuite, pour le jeu normal des nouvelles institutions politiques de la France, le *suffrage universel* à DEUX DEGRÉS, seul mode électoral qui puisse déjouer les entraînements irréfléchis, cabales, manœuvres, etc., auxquels les meilleures choses sont exposées dans la pratique ; seul mode électoral qui permette d'obtenir une expression sincère et raisonnée de la volonté du pays.

Une assemblée *unique* serait la Représentation souveraine de la France.

Cette assemblée unique porterait le nom de *Parlement*.

Les Français appelés par l'élection à y siéger, seraient qualifiés de *Représentants au Parlement de la Démocratie française.*

Les Représentants au Parlement français seraient élus par le *suffrage universel* à DEUX DEGRÉS.

Le nombre des Représentants serait déterminé d'après le nombre des électeurs inscrits de chaque département, de telle façon que le nombre des élus correspondît, le plus exactement possible, d'une région électorale à une autre, au chiffre de la population appelée par l'inscription à donner ses suffrages.

Il n'y aurait jamais plus de *trois mois* de suspension, prorogation ou vacances, entre les sessions parlementaires de chaque année.

Tous les trois ans, le Parlement serait renouvelé *par moitié* des membres en faisant partie.

A chaque époque triennale, cette moitié des Représentants du Parlement, dont le mandat aurait été résigné par la voie du tirage au sort, serait à nouveau soumise aux décisions du Corps électoral pour leur réélection ou leur remplacement.

Bien que réduit à la moitié de ses membres, le Parlement serait tenu de siéger pendant toute la durée de la session électorale.

Dans le nouveau Régime politique, appelé la *Démocratie française*, il n'y aurait pas de *Président*.

La gestion des affaires publiques serait confiée, à la simple majorité des voix, par le Parlement, à ceux de ses membres qu'elle désignerait aux divers départements ministériels.

Le Parlement désignerait en même temps celui d'entre les ministres de son choix qui serait revêtu des attributions du *Pouvoir exécutif*, et qui ne pourrait les exercer, sous sa signature, qu'avec le contre-seing d'au moins deux de ses collègues.

Pris ensemble ou séparément, les ministres seraient *essentiellement révocables* à la simple majorité des voix du Parlement.

Leur responsabilité vis-à-vis du Parlement serait celle du Parlement lui-même vis-à-vis des électeurs.

La culpabilité des ministres deviendrait celle du Parlement, par complicité, si le Parlement, par une révocation immédiate, n'en déclinait la responsabilité devant le corps électoral.

Enfin, tout membre du Parlement et tout ministre relevant de ce Parlement, à chaque session électorale, pourraient être, à la simple majorité des voix des circonscriptions électorales du pays, traduits devant la juridiction pénale du Jury des Cours d'assises, qui déciderait affirmativement ou négativement à leur égard.

Telles seraient les assises premières de l'orga-

nisation politique de cette *Démocratie pacifique*,
comme forme de gouvernement, dont j'entrevois
l'avénement inévitable vers la fin du siècle courant,
non-seulement en France, mais encore en maintes
régions du continent.

TABLE DES MATIÈRES

TABLE DES MATIÈRES

CHAPITRE PREMIER.

Vérités politiques; exemples historiques à l'appui.   47

CHAPITRE II.

Changements successifs dans les mœurs et les caractères; affaiblissement graduel de la foi politique et de la foi religieuse.

CHAPITRE III.

Temps présent. — Situation morale et politique. — Les causes et les effets. — L'avénir fatal et inévitable

CHAPITRE IV.

Paris—Imp. PAUL DUPONT, 41 rue Jean-Jacques-Rousseau.   2363.7.76

CHEZ LE MÊME ÉDITEUR

Le Crime du Substitut, par Georges Vautier 2e édition, 1 vol. grand in-18. . . . . 3 »

La Revanche du Mari, par Georges Vautier. 2e édition. 1 volume grand in-18. . . . . 3 »

Une bonne Fortune, par J. Yed. 1 volume in-18 jésus. 3 »

Le Roman d'un Exilé en Sibérie, par Louis Collas. 2e édition. 1 volume in-18 jésus. . . . . 3 »

Les Haltes, par André Chanet. Nouv. éd. 1 vol. in-12. 3 50

Les Chants du matin, par Albert Chateau. 1 vol. in-12. 2 50

Le Député de Paris. *Épisode du second Empire*, par E.-C. Grenville-Murray, traduit par J. Butler, 1 vol. in-12. . 3 »

Le Duc de Hautbourg, suite du *Député de Paris*, par E.-C. Grenville-Murray, traduit par J. Butler. 1 vol. in-12. . . 3 »

Voyages de Lord Humour. *Le Pays des Rétrogrades*, par Edmond Thiaudière. 1 vol. in-18 jésus . . . . . . 3 »

Les nouvelles Tragédies de Paris. *L'homme aux mains postiches.* Rallonge tintamarresque au feuilleton de M. Xavier de Montépin, par Touchatout. 4e édition, 1 vol. in-18 jésus. . . . 2 »

La Vie en Casque. *Carnet intime d'un officier*, par Ernest Billaudel. 4e édition. 1 volume in-18 jésus 3 50

Une Semaine au Château de Kernoz, par la Marquise de Longuerue. 1 volume in-18 jésus. . . . . 3 »

Les Filouteries du jeu. *Révélations*, par A. Cavaillé, ex-inspecteur principal du service de surveillance des jeux clandestins à la préfecture de police. 1 volume in-18 jésus. 3 »

Histoire amoureuse de deux coups de couteau, par Ernest Billaudel. 3e édition. 1 volume in-18 jésus 3 50

Les Noces vermeilles, par Ernest Billaudel. 1 volume in-18 jésus . . . . 3 »

La Conspiration de Salcède, par Ernest Billaudel. 1 volume in-18 jésus. . . . . 3 »

Une Parisienne chez les anthropophages, par Thiercelin. 1 volume in-18 jésus. . . . . 3 »

Un Mari en vacances, par ✱✱✱. 3e édition. 1 vol. in-18 jésus avec portrait. 3 50

Les Drames de la forêt, par Alexis Bouvier. 2e édition. 1 vol. in-18 jésus 3 5

Le Mariage d'un forçat, par Alexis Bouvier. 1 volume in-18 jésus. 3 50

Le Péché du Pacha, par Jean de Byzance, 1 vol. in-18 jésus, portrait gravé. 3 50

Ma femme et moi, par Mme Beecher-Stowe, 1 beau vol. in-18 jésus. 3 50

Une Vengeance avortée, par Mme Claudine Verhaghen. 1 vol. in-18 jésus 3 50

Jeunes femmes, par Miss Louisa Alcott. 1 v. in-18 jésus. 2 50

Petites femmes, par Miss Louisa Alcott. 1 v. in-18 jésus. 2 50

Aventures de Monsieur et Madame Duruof. Les soixante ascensions de Duruof racontées par lui-même. 1 vol. in-18 jésus avec portraits, gravures et autographes. . . . . . . 2 »

Paris-Imp. PAUL DUPONT, 41, rue Jean-Jacques-Rousseau. 2364.7.76